# 中华优秀传统文化的现代教育价值探索

罗　天　涂如兰　著

东北大学出版社

·沈　阳·

**图书在版编目(CIP)数据**

中华优秀传统文化的现代教育价值探索 / 罗天，涂
如兰著. -- 沈阳：东北大学出版社，2024. 10.
ISBN 978-7-5517-3674-9

Ⅰ. K203

中国国家版本馆 CIP 数据核字第 202436JA49 号

---

出 版 者：东北大学出版社
　　　　　地址：沈阳市和平区文化路三号巷 11 号
　　　　　邮编：110819
　　　　　电话：024-83683655（总编室）
　　　　　　　　024-83687331（营销部）
　　　　　网址：http://press.neu.edu.cn
印 刷 者：辽宁一诺广告印务有限公司
发 行 者：东北大学出版社
幅面尺寸：185 mm×260 mm
印 　 张：8.25
字 　 数：145 千字
出版时间：2024 年 10 月第 1 版
印刷时间：2024 年 10 月第 1 次印刷
责任编辑：项　阳
责任校对：白松艳
封面设计：潘正一
责任出版：初　茗

---

ISBN 978-7-5517-3674-9　　　　　　　　　　　定　价：45.00 元

# 前　言

　　教育，作为民族振兴和社会进步的基石，其根本任务是立德树人，培养德智体美劳全面发展的社会主义建设者和接班人。中华优秀传统文化中蕴含的丰富哲学思想、人文精神、道德规范和艺术审美，为现代教育提供了取之不尽、用之不竭的宝贵资源。它不仅能够增强学生的文化自信，促进社会主义核心价值观的培育与践行，还能在全球化背景下帮助学生构建开放包容的国际视野，实现本土文化与世界文明的对话和交流。因此，探索中华优秀传统文化的现代教育价值，不仅是对历史的尊重与传承，更是对现实需求的积极回应和对未来发展的深远布局。

　　本书从中华优秀传统文化概述入手，分析了中华优秀传统文化在现代教育中的重要性，探索了中华优秀传统文化在现代教育中的实践，并对中华优秀传统文化与现代教育的融合探索进行了深入研究。希望通过本书的介绍，能够为读者在中华优秀传统文化的现代教育价值探索方面提供帮助。

　　本书主要汇集了笔者在工作、实践中取得的一些研究成果。在写作过程中，笔者参阅了相关文献资料，在此谨向其作者深表感谢。

　　由于水平有限，书中错误和缺点在所难免，希望广大读者批评指正，并衷心希望同行不吝赐教。

著　者

2024 年 7 月

# 目　录

# 第一章 中华优秀传统文化概述

## 第一节 中华优秀传统文化的内涵

### 一、中华优秀传统文化的基本概念

中华优秀传统文化的历时性发展和共时性特征，是一个值得深入探讨的话题。纵观中华民族五千多年的文明史，不难发现，传统文化在历史长河中不断积淀、发展、创新，形成了丰富多样、博大精深的文化体系。这种历时性发展，既体现了文化的延续性和稳定性，又展现了文化在不同时代背景下的与时俱进和创新发展。

中华优秀传统文化的历时性发展主要体现在以下几个方面：首先，传统文化在发展过程中始终坚守"修身、齐家、治国、平天下"的价值追求，树立了"以和为贵"等核心理念，形成了一以贯之的精神内核。其次，传统文化在发展中不断吸收、融合其他文明的优秀成果，如佛教文化、西域文化等，丰富了自身的内涵，形成了兼收并蓄、海纳百川的文化品格。另外，传统文化在历史进程中不断创新发展，产生了诸如魏晋玄学、宋明理学等富有时代特色的文化思潮，展现了强大的生命力和创造力。

中华优秀传统文化还呈现出鲜明的共时性特征。所谓共时性，是指文化在特定时空范围内所表现出的整体性、系统性特征。具体到中华优秀传统文化，则主要体现为三点：一是文化的多样性与统一性并存。中华优秀传统文化涵盖了经学、史学、子学、集部等诸多门类，还有多种思想流派，呈现出多姿多彩的面貌。但这些看似独立的文化现象，却又共同构成了一个有机统一的整体，彼此之间存在着错综复杂的内在联系。二是文化的经典性与通俗性交融。中华优秀传统文化既有"四书五经"等高雅经典，又有《三国演义》《水浒传》等通俗文学，两者相互补充、相得益彰，共同构筑起中华文化的厚重底蕴。三是文化的仪式性与日常性融合。中华优秀传统文化不仅表现为盛大的礼仪、严谨完备的典章制度，更深深地融入衣、食、住、行等日常生活中，成为人们安身立命、以德养心的精神支柱。

## 二、中华优秀传统文化的特点

### (一) 综合性

中华优秀传统文化是在历史长河中不断积淀、融合、发展而形成的文化体系，呈现出鲜明的综合性特征。它不仅包括一些主流思想文化，还涵盖了诸子百家的思想精华，既有物质文化的创造，也有精神文化的结晶，涉及哲学、文学、艺术、科技等多个领域，体现了中华民族博大精深的文化底蕴。

中华优秀传统文化的综合性体现为以下几点：

首先，兼容并蓄、包罗万象的思想内容。这些思想共同构建起中华文化的基本思想体系，它们既有交集又各具特色，展现了中华文化多元一体、和而不同的特质。这些思想在漫长的历史中不断交融，形成了独具魅力的中国传统文化。

其次，物质文化与精神文化的高度融合。中国传统的建筑、绘画、雕塑、工艺等物质文化成就，无不蕴含着深厚的文化内涵和审美追求。这种物质文化与精神文化的交融，造就了中华优秀传统文化独特的艺术魅力和人文精神。

再次，不同地域文化的交流融合。中原地区的周秦文化、西北地区的游牧文化、东南沿海的海洋文化等，在历史发展中不断交汇、碰撞，相互吸收、相互影响，最终形成了多元一体的中华文化整体。正是这种地域文化的综合，才造就了中华文化的包容性和多样性。

另外，文化创造与传承的综合。一方面，中华民族在长期的生产生活实践中创造了灿烂的文化成果；另一方面，后人在继承的基础上不断革新发展，使传统文化历久弥新、生生不息。如对"四书五经"的解读诠释，经历了汉、唐、宋、明各代经师的努力，既保持了那一时期思想的核心，又体现了不同时代的文化特色。

### (二) 深远性

中华优秀传统文化根植于中华民族的历史文化沃土，其持久的生命力源于深厚的历史底蕴。这种底蕴不仅表现在中华文化源远流长的时间维度上，更体现在其广泛而深刻的影响力上。

从时间维度来看，中华优秀传统文化绵延数千年而生生不息，在历史的每个阶段都绽放出不同的思想光彩。这些思想智慧跨越时空，超越朝代更迭，积淀成中华民族的精神财富。时至今日，很多经典仍然为世人所传诵，彰显了传统文化的强大生命力。

从影响力的角度来看，中华优秀传统文化对中国社会的方方面面都产生了深远而持久的影响。在社会领域，"仁义礼智信"的道德规范是维系社会和谐的准绳。这些深入人心的观念已经成为中华民族的文化基因，促使中国人形成了独特的思维方式和价值取向，即使在现代社会依然发挥着重要作用。

中华优秀传统文化的影响还远播域外，对东亚文化圈乃至世界文明都产生了深刻影响。这些跨越国界的文化影响，彰显了中华优秀传统文化的强大生命力和国际影响力。

此外，中华优秀传统文化的传承离不开文化教育环境的熏陶和教化。这种传统教育模式塑造了中国人重视伦理道德、追求内在修养的文化性格。即使在现代教育体系下，一些传统文化启蒙读物依然广受欢迎，传统文化在潜移默化中影响着一代又一代中国人。

### （三）实践性

中华优秀传统文化蕴含着丰富的实践智慧，这些智慧不仅体现在经典著作和理论思想中，更镌刻在中华民族世世代代的生产生活实践之中。正是在与自然环境和社会环境的长期互动中，中华民族逐渐积累和总结出一套富有生命力的实践经验和行为准则，并将其转化为传统文化的重要组成部分。

在农业生产领域，先民根据天时地利，创造出适应本土特点的耕作技术和农事习俗。他们通过长期观察自然规律，形成了二十四节气等反映物候变化的时令系统，指导农事活动的安排。同时，他们还发展出因地制宜的耕作方式，如梯田技术、井渠灌溉等，充分利用自然条件，提高农业生产效率。这些宝贵的农业实践经验在传统文化中得以传承和发扬，推动了中国农业文明的发展。

在手工艺制作领域，能工巧匠凭借精湛的技艺和独特的美学追求，创造出一件件令世人赞叹的工艺品。他们对材料特性有着深入的了解，对制作工序有着严格的把控，对艺术形式有着敏锐的创新。正是这种知行合一的实践态度，造就了景德镇陶瓷、苏绣、唐三彩等闻名遐迩的传统工艺品。这些工艺品不仅是匠人智慧的结晶，更承载着中华文化的审美理想和价值追求，彰显了传统文化的时代魅力。

在社会治理领域，先贤从现实需求出发，探索出一套行之有效的治理方略。

他们注重社会关系的和谐，提倡"以和为贵"的处世哲学；他们强调道德教化的作用，主张"为政以德"的为政理念；他们重视法治规范的建设，确立"德主刑辅"的治国方略。这些治理实践不仅维系了中华社会的长治久安，更塑造了重礼乐、崇文明的价值理念，成为传统文化的内在基因。

在教育培养领域，先哲十分重视"教育"与"实践"的结合。"学而时习之"强调学以致用；"骐骥一跃，不能十步；驽马十驾，功在不舍"重视学习过程中的持之以恒；"知行合一"突出理论与实践的统一。这些教育理念不仅指引了一代代学子的成长道路，也体现了中华文化重视实践、追求践履的价值取向。

## 三、中华优秀传统文化的表现形式

### （一）文字与语言

文字与语言是中华优秀传统文化的重要载体，它们在传承和弘扬民族文化中发挥着不可替代的作用。中华文字以其独特的结构和书写方式，形成了书法艺术这一文化元素，蕴含着丰富的文化内涵和审美价值。书法不仅是一门视觉艺术，更是修身养性的重要途径。通过临摹和创作，书法爱好者能够陶冶情操，培养高雅的审美情趣。同时，书法还能锻炼人的意志品质，如专注、耐心、恒心等，这些品质对个人的全面发展具有重要意义。

中华语言智慧还体现在丰富多彩的文学作品中。诗词歌赋、戏曲小说等文学形式，展现了中华民族独特的思维方式和价值观念。这类作品不仅语言优美、意境深远，更蕴含着中华文化的核心精神，如仁爱、正义、诚信、勤勉等，对后人具有深远的教化作用。通过学习和欣赏这些文学经典，学生能够领略中华文化之美，提升文学修养，陶冶道德情操。这对于塑造学生高尚的人格品质、传承和弘扬中华民族的优秀传统具有重要意义。

在现代教育中，我们要充分认识到中华文字和语言智慧的独特价值，将其作为弘扬中华优秀传统文化的重要途径。一方面，教师要在日常教学中渗透书法、古诗词等传统文化内容，引导学生感受中华文化之美。如开设书法选修课、举办古诗词朗诵比赛等，让学生在潜移默化中接受传统文化的熏陶。另一方面，教师要创新教学方式方法，提高学生学习传统文化的兴趣。如利用多媒体技术制作生动的微课视频，将文化知识转化为鲜活的故事；又如开展情境教学，让学生在体验式活动中感悟中华优秀传统文化的魅力。

### （二）艺术与手工艺

中华优秀传统文化博大精深，在艺术与手工艺领域有着丰富的表现形式。绘画、音乐、雕塑等传统艺术形式不仅体现了中华民族的审美情趣和价值追求，更蕴含着深厚的历史积淀和文化内涵。这些传统艺术形式不仅是中华文明的重要组成部分，更在现代教育中发挥着独特的育人功能。

1. 绘画艺术

在绘画艺术方面，中国传统绘画以独特的艺术语言和美学风格闻名于世。无论是山水画、人物画还是花鸟画，都体现出中国画家对自然山水的敏锐洞察，对人物性格的细腻刻画，以及对花鸟走兽的生动描绘。这些画作不仅展现了精湛的绘画技艺，更蕴含着中华民族的哲学思想和人文情怀。通过欣赏和临摹传统绘画，学生不仅能够提高审美能力和艺术素养，更能领悟到中华优秀传统文化的精髓所在。

2. 音乐艺术

在音乐艺术方面，中国传统音乐以其独特的艺术魅力和表现力而备受推崇。诸如古琴、古筝、琵琶等传统乐器，都有着悠久的历史渊源和深厚的文化底蕴。这些乐器所奏出的曲调婉转动听，抒情而不失大气，柔美而不乏刚劲，充分体现了中华民族高雅、含蓄的审美情趣。通过学习传统音乐，学生不仅能够陶冶情操、净化心灵，更能感受到中华优秀传统文化的无穷魅力。

3. 雕塑艺术

在雕塑艺术方面，中国传统雕塑以其精湛的工艺和独特的艺术风格著称于世。无论是陵墓雕刻、佛教造像还是玉石雕刻，都展现出中国古代工匠高超的技艺和非凡的创造力。这些雕塑作品不仅具有很高的艺术价值，更蕴含着丰富的历史信息和文化内涵。通过欣赏和研究传统雕塑，学生既能开阔眼界、提高鉴赏力，也能深入了解中华文明的发展历程和文化特质。

4. 传统手工艺

中国传统手工艺也是中华优秀传统文化的重要组成部分。诸如刺绣、织锦、景泰蓝等手工艺，都凝聚着中国古代能工巧匠的智慧结晶和审美追求。这些手工艺品不仅工艺精湛、造型优美，更体现出中华民族勤劳智慧、精益求精的品质。通过学习传统手工艺，学生能够锻炼动手能力，培养审美情趣，进而领会到中华优秀传统文化的实践智慧。

### （三）礼仪与习俗

礼仪与习俗是中华优秀传统文化的重要组成部分，在中华文明的传承和发展中发挥着不可替代的作用。礼仪作为一种规范人们行为的社会准则，体现了中华民族的价值取向和道德情操。它不仅维系着人与人之间的和谐关系，也彰显着个人的修养和品格。诸如"礼让""尊老爱幼"等礼仪规范，都蕴含着中华民族崇尚仁爱、追求和谐的文化内涵。同时，礼仪也是维护社会秩序、促进社会稳定的重要手段。在封建社会，礼仪被上升为国家意志，成为约束人们思想和行为的准则。君臣之礼、父子之礼、兄弟之礼等，都对维护封建统治秩序起到了重要作用。即使在当代社会，礼仪仍然具有构建和谐人际关系、营造良好社会风尚的功能。

习俗是人们在长期生产生活实践中形成的风俗习惯和行为方式。它渗透在衣、食、住、行等方面，反映着一个民族的生活方式和价值观念。中华民族在几千年的发展历程中，形成了丰富多彩的习俗文化，如饮食习俗、服饰习俗、婚丧习俗等。这些习俗不仅满足了人们物质生活的需要，也承载着人们的情感寄托和精神追求。以春节习俗为例，从除夕到元宵，一系列喜庆祥和的活动（如贴春联、吃年夜饭、放鞭炮、赏花灯等），既表达了人们辞旧迎新、祈求吉祥的美好愿望，也增进了家人、亲朋好友之间的情感交流，提高了民族凝聚力。由此可见，习俗文化已经融入中华儿女的血脉，成为中华民族文化认同的重要标识。

节日庆典作为礼仪和习俗的集中体现，更是中华优秀传统文化的重要载体。中国传统节日众多，除春节外，还有元宵节、清明节、端午节、七夕节、中秋节、重阳节等。这些节日大多起源于古代的农耕生产等活动，后来逐渐演变为民间的重要节日。每个节日都有其独特的文化内涵和习俗活动，既寄托着人们的思想感情，也传承着民族的历史记忆。如清明节，人们通过祭扫先人坟墓、踏青郊游等活动，表达对逝者的怀念之情，体现了中华民族崇尚"慎终追远"的优良传统。又如端午节，起初是为了纪念爱国诗人屈原，后来成为整个民族的节日，人们通过赛龙舟、吃粽子等形式，传颂英雄事迹，弘扬爱国主义精神。由此可见，传统节日在丰富人们精神文化生活的同时，也承载着民族的集体记忆，促进了文化的传承与弘扬。

在现代社会，虽然人们的生活方式发生了巨大变化，但礼仪与习俗文化仍然具有重要的现实意义。因此，在现代教育中，应高度重视礼仪与习俗文化的传承和弘扬。通过将其融入教学内容、开展传统节日主题活动等途径，学生可以了解礼仪规范、体验习俗文化，从而增强其文化认同感和民族自豪感，培养正确的价值观念和道德品质。只有这样，才能使中华优秀传统文化在现代社会焕发新的生机，为培养担当民族复兴大任的时代新人提供精神滋养。

## 四、中华优秀传统文化的现代转型

### （一）中华优秀传统文化在现代社会的发展路径

在现代社会中，中华优秀传统文化的传承和发展面临着新的机遇和挑战。一方面，社会的快速发展和现代化进程对传统文化的传承提出了更高的要求；另一方面，新兴技术和传播媒介的出现为传统文化的创新传播提供了广阔的平台。在这一背景下，探索中华优秀传统文化在当代社会的活化方式，对于增强文化自信、促进文化繁荣具有重要意义。

中华优秀传统文化活化的首要路径是教育。学校是传承和弘扬中华优秀传统文化的重要阵地。通过开设传统文化课程，将中华优秀传统文化元素融入各学科教学，学生能够系统地学习和掌握传统文化知识，深刻领会其中蕴含的智慧和精髓。同时，学校还可以通过举办传统文化活动，如经典诵读、国学竞赛、传统艺术展演等，为学生提供体验和实践传统文化的机会，增强他们对民族文化的认同感和自豪感。

中华优秀传统文化活化还需要依托社区和公共文化服务体系。社区是人们日常生活的重要场所，在中华优秀传统文化传播中具有独特的优势。在社区开展形式多样的传统文化活动，如传统手工艺培训、非物质文化遗产（以下简称"非遗"）展示、戏曲演出等，能够吸引社区居民（特别是青少年群体）积极参与，使其在潜移默化中感受传统文化的魅力。公共文化服务体系（如图书馆、博物馆、文化馆等）也是中华优秀传统文化活化的重要平台。这些文化服务机构通过举办传统文化专题展览、讲座沙龙等活动，为公众提供了解和体验传统文化的机会，在提升全民族文化素养方面起到了积极的促进作用。

现代传媒和新兴技术在中华优秀传统文化创新传播中大有可为。电视、网络等大众传媒可以制作和推广中华优秀传统文化题材的节目和内容,将中华优秀传统文化以更加生动、直观的方式呈现给受众。数字技术、虚拟现实等新兴技术也为中华优秀传统文化的数字化保护和传播提供了新的可能。例如,通过数字化手段对珍贵的中华优秀传统文化遗产进行保护和修复,并开发沉浸式体验项目,让人们身临其境地感受中华优秀传统文化的独特魅力。

### (二) 中华优秀传统文化与现代教育的整合策略

在现代教育体系中,中华优秀传统文化的传承与创新面临着新的机遇与挑战。一方面,中华优秀传统文化蕴含着丰富的教育智慧和道德价值,对于培养学生的民族认同感、文化自信心和价值观念具有重要意义。另一方面,中华优秀传统文化与现代文化的差异对其在教育中的应用提出了新的要求。因此,如何在现代教育体系中有机融合中华优秀传统文化,实现其价值的创造性转化和创新性发展,已经成为教育工作者的重要课题。

#### 1. 系统梳理传统文化资源

中华优秀传统文化博大精深,内容涵盖哲学、文学、艺术、科技等诸多领域。这些文化资源中蕴藏着丰富的教育元素,如“仁义礼智信”“清静无为”“兼爱非攻”等,都对个人修养和社会发展具有重要启示。但是,由于时代变迁和文化断层,许多传统文化资源尚未得到充分挖掘和利用。因此,教育工作者应深入研究传统文化典籍,梳理其中的教育思想和文化精华,并结合现代教育理念和方法,将其转化为适合当代学生学习和接受的教育内容。只有建立起系统完备的传统文化教育资源库,才能为其在现代教育中的应用奠定坚实的基础。

#### 2. 创新传统文化教学模式

传统的文化教学往往采用灌输和说教的方式,忽视了学生的主体性和参与性。这种教学模式不仅难以调动学生学习的积极性,更无法引导其深刻理解和内化传统文化的内涵。因此,教育工作者应积极探索体验式、参与式的教学方法,将传统文化教育融入学生的日常生活和社会实践中。例如,学校可以开设传统文化社团、举办传统节日庆典、组织传统技艺学习等活动,让学生在亲身体验中感悟传统文化的魅力。又如,教师可以采用情境教学、案例教学、探究学习等方式,引导学生主动探索传统文化中的智慧,培养其文化思辨和创新能力。这些教学模式的创新，不仅能够增强传统文化教育的吸引力，更能促进学生对传统文化的主动认同和传承。

### 3. 打造良好的校园文化环境

校园文化是学校教育的重要组成部分，它通过环境熏陶、制度规范、行为示范等方式，对学生的价值观念和行为习惯产生潜移默化的影响。因此，将传统文化元素融入校园环境建设，对于增强学生的文化认同感和自豪感具有重要作用。一方面，学校可以在校园布局、建筑设计、景观装饰等方面体现传统文化特色，营造"处处有文化、时时可感悟"的育人氛围。另一方面，学校还应注重以传统节日、传统礼仪等为载体，开展形式多样的校园文化活动，让学生在仪式感和参与感中感受传统文化的当代价值。此外，学校还应完善相关的教学管理制度，将传统文化教育纳入学校教育的总体规划，为其与现代教育体系的融合提供长效机制。

# 第二节　中华优秀传统文化的传承

## 一、中华优秀传统文化传承的重要性

### （一）身份认同与文化自信的建构

中华优秀传统文化是中华民族千百年来创造和积累的宝贵精神财富，是维系民族凝聚力和文化认同感的重要纽带。在当今时代背景下，继承和弘扬中华优秀传统文化，对于增强民族自豪感、培育家国情怀、凝聚民族力量具有重要意义。

中华优秀传统文化蕴含着丰富的思想内涵和价值理念，是构建中华民族共有精神家园的基石。这些思想理念不仅塑造了中华民族的精神气质，也为当代中国的发展提供了深厚的文化底蕴和智慧启迪。同时，中华优秀传统文化也是中华民族独特的文化标识，凝结着民族的历史记忆和情感联系。诸如汉字、诗词、书画等传统文化符号，不仅承载着丰富的人文内涵，更寄托着中华儿女的情感认同和价值追求。弘扬中华优秀传统文化，能够增进全体中华儿女的文化认同感，铸牢中华民族共同体意识。

此外，中华优秀传统文化也为当代中国的发展提供了宝贵的精神资源和道德滋养。无论是"天下为公"的政治理想，还是"和而不同"的处世智慧，这些传统文化的精华都对当代中国的发展具有重要启示意义。继承和弘扬中华优秀传统文化，不仅有助于提升国民的道德素养和文化素质，也为社会主义核心价值观的培育提供了深厚的文化土壤。

## （二）创新发展的动力源泉

中华优秀传统文化蕴含着丰富的智慧和深刻的哲理，其中许多思想对于推动现代社会的创新发展具有重要启示意义。传统文化中的智慧结晶，如"中庸之道""以和为贵"等，体现了中华民族深邃的哲学思考和独特的价值追求。这些思想不仅为中华文明的延续提供了精神动力，也为现代社会的进步指明了方向。

将传统文化的精华与现代文明相融合，是实现民族复兴和社会发展的必由之路。一方面，要立足传统，从历史中汲取营养，传承和弘扬中华优秀传统文化的精神内核。另一方面，要面向未来，将传统文化中的智慧应用于现实，为解决现代社会发展中的难题提供启迪。唯有在传承与创新中实现传统文化与现代文明的有机结合，才能真正焕发传统文化的时代价值。

中华优秀传统文化中还有许多极具启发性的智慧，如"兼爱非攻"的和平理念、"赏罚分明"的法治思想等。这些思想虽然源于传统，但其价值却跨越时空，对于解决当今社会面临的种种难题和挑战，依然具有重要的现实意义。我们要以创新的眼光去重新审视传统，从历史的智慧中寻找解决现实问题的钥匙。

## （三）社会和谐与国际交流的桥梁

中华优秀传统文化作为中华民族的宝贵精神财富，不仅为中华民族的繁荣昌盛提供了丰厚滋养，更在维系民族凝聚力、促进社会和谐、推动中外交流等方面发挥着不可替代的作用。在新时代背景下，立足文化自信，深入挖掘和弘扬中华优秀传统文化，对于增强文化软实力、促进中华文化走向世界具有重要意义。

中华优秀传统文化中蕴含着丰富的思想理念和道德规范，如"和而不同""以和为贵"等，这些理念强调人与人、人与自然、人与社会的和谐共生，体现了中华民族崇尚和平、追求大同的价值追求。在当今世界纷繁复杂、矛盾丛生的形势下，弘扬和传承这些理念，能够为社会提供价值引领，增进人们对共同命运的认同，推动构建人类命运共同体。

同时，中华优秀传统文化也是增进中外民心相通的桥梁和纽带。长期以来，中华文化以其博大精深、兼容并蓄的气度和魅力吸引着世界各国人民。深入挖掘和展示中华文化的时代价值，讲好中国故事，能够增进国际社会对中国的了解和认同，消除误解和偏见，促进中外文明交流互鉴。一系列极具中国特色和民族风范的文化符号（如故宫、长城、中医、太极等）已经成为中外交往的文化名片，在国际舞台上积累了良好口碑，充分印证了中华优秀传统文化的感召力和影响力。

在对外传播中华优秀传统文化的过程中，既要注重文化内涵的准确阐释，又要积极探索和创新传播方式。一方面，要全面系统地梳理中华文化的思想精髓，挖掘其中的智慧结晶，使其为现代社会发展提供借鉴、启示。另一方面，要立足国际受众的文化背景和认知习惯，因地制宜地开展传播，综合运用多种媒介和手段，提升中华文化的国际传播能力和话语影响力。

## 二、中华优秀传统文化的挖掘

### （一）史料研究与传统知识的重现

中华优秀传统文化蕴藏着丰富的历史知识和文化智慧，是我国宝贵的精神财富。要真正传承和弘扬这一文化遗产，就必须深入发掘其中的思想精华和价值内核。而系统解读历史文献，无疑是挖掘传统文化的重要途径。

我国现存的历史文献浩如烟海、种类繁多，包括正史、野史、地方志、族谱、日记、书信等。这些文献记录了不同时期的政治、经济、文化、社会生活，是认识和理解中华优秀传统文化不可或缺的第一手资料。通过系统梳理和考证这些文献，可以还原特定历史时期的社会图景，洞察传统文化的发展脉络。

历史文献的解读不仅要注重经典名著，也要重视民间文献和口述史料。这些材料的史学价值虽然不如正史等官修文献，但往往能够展现草根阶层的生活状态和文化心理，有助于人们全面认识传统文化在不同群体中的影响和传承。如通过分析明清时期的日记、书信、谱牒等，可以了解士大夫阶层的家国情怀、人伦道德等价值追求；而乡土志怪小说则能够反映民间信仰、生活的某些侧面。

唯有对这些多元化的历史文献进行全面的考察和阐释，才能真正呈现中华优秀传统文化的丰富性和层次性。

系统解读历史文献不能停留在字词训诂的层面，要注重对文献所蕴含的知识体系、价值理念的探究。这就要求研究者跳出文本本身，将其置于更为宏大的时空背景中去考量。一方面，要在相应的社会历史语境中解读文献，考察其产生的现实基础和文化土壤；另一方面，要对不同文献进行比较研究，揭示其内在的思想联系和发展变化，由此勾勒出中华优秀传统文化的基本图景。

### （二）遗产保护

遗产保护是中华优秀传统文化传承的重要方式，对于挖掘和保护非遗具有重要意义。非遗是一个民族历史文化的结晶，蕴含着丰富的智慧和价值观念，是构建文化自信、促进社会和谐的重要资源。然而，在现代化进程中，许多非遗面临着失传的危机。因此，通过实地考察和记录，系统梳理非遗项目，已经成为文化遗产保护的迫切任务。

在遗产保护实践中，实地考察是最关键的环节。通过深入田野，研究者能够全面了解非遗项目的历史渊源、发展脉络、代表性传承人等，挖掘其文化内涵和当代价值。同时，在考察过程中也能发现濒危项目，及时采取抢救性保护措施。在这一过程中，文献研究、口述史访谈、影像记录等多种手段的综合运用必不可少，它们能够多角度、多层次地展现非遗的风貌。此外，利用现代科技手段对非遗进行数字化记录和保存，也是遗产保护的重要途径。

民俗调查是遗产保护中的另一重要方面。民俗是非遗项目赖以生存的文化土壤，对于理解非遗的形成和传承具有重要意义。通过对民俗的考察，研究者能够还原非遗项目的生成语境，解读其所蕴含的文化意义，揭示其内在的思维逻辑和价值理念。同时，对民俗环境的梳理也有助于寻找适宜非遗传承和发展的路径。在实践中，民俗调查需要研究者深入生活，通过参与式观察、深度访谈等方式获取第一手资料，真实记录民众的生产生活方式和精神世界。

实地考察与民俗调查相结合，能够为非遗保护提供坚实的基础。一方面，通过实地考察，研究者能够准确把握非遗项目的现状，为制定科学合理的保护措施提供依据。另一方面，民俗调查能揭示非遗传承的文化根基，为其可持续发展提供智力支持。两者相互补充、相得益彰，共同服务于中华优秀传统文化传承的目标。

## 三、中华优秀传统文化的传承方法

### （一）教育系统内的文化课程设计

教育是一个民族传承文明、实现复兴的关键途径，而学校教育又在其中发挥着不可替代的重要作用。在学校教育体系中，课程承载着传递知识、塑造品格、培养能力的重任，因此，教育工作者应该高度重视中华优秀传统文化在课程中的传承，将其融入教学的各个环节，充分发挥其育人功能。

中华优秀传统文化蕴含着丰富的思想智慧和道德理念，是中华民族宝贵的精神财富。将中华优秀传统文化有机融入学校课程，对于培养学生的家国情怀、价值取向、人格品质具有重要意义。一方面，中华优秀传统文化中"修身、齐家、治国、平天下"的理念，有助于引导学生树立远大理想，担当民族复兴大任；"天下兴亡，匹夫有责"的家国情怀，有利于激发学生的社会责任感和使命感。另一方面，传统文化崇尚"礼义廉耻""仁爱友善"等价值准则，对于引导学生形成正确的是非观念、培养高尚的道德品质具有重要作用。

那么，如何将中华优秀传统文化有效融入学校课程呢？首先，应该系统梳理中华优秀传统文化的核心内容，构建科学完备的课程体系。教育工作者要立足中华优秀传统文化博大精深的特点，充分挖掘其中的思想精华和道德内核，形成内容丰富、逻辑严密的课程框架。在此基础上，还要根据不同学段学生的认知特点，合理设置教学内容，突出侧重点。例如，在小学阶段，可以围绕传统节日、民俗礼仪等通俗易懂的内容展开教学；而在高中阶段，则可以适当增加对传统哲学、文学经典的阐释，引导学生进行深入思考。

其次，要创新教学模式和方法，提高传统文化课程的吸引力和感染力。单纯的说教式、灌输式教学很难调动学生的学习兴趣，教师应该积极探索体验式、参与式教学。例如，举办传统诗词吟诵会、国学经典诵读会等活动，让学生在亲身参与中感悟传统文化的魅力；再如，开展传统手工制作、传统美术欣赏等体验式教学，引导学生在动手实践中领会传统文化的精髓。这些生动活泼的教学形式，不仅能够激发学生的学习热情，更能加深其对中华优秀传统文化的理解和认同。

另外，要注重教学实践，促进中华优秀传统文化的内化和吸收。只有让学生在实践中感悟中华优秀传统文化的深刻内涵，才能真正实现其传承和创新。

为此，学校要为学生搭建践行传统文化的平台，如成立国学社、戏曲社等特色社团，鼓励学生积极参与；定期开展传统美德教育实践活动，引导学生坚定文化自信。唯有在知行合一中内化传统文化，学生才能将其转化为自身修养，成为中华优秀传统文化的传承者和弘扬者。

## （二）媒体与网络平台的文化普及

在信息技术日新月异的当下，新媒体已经成为传播中华优秀传统文化的重要平台。相较于传统媒体，新媒体具有传播速度快、受众面广、互动性强等特点，为弘扬和传承中华优秀传统文化提供了前所未有的机遇。通过创新传播方式、丰富传播内容、拓展传播渠道，利用新媒体扩大传统文化的影响力已成为文化工作者的共识和努力方向。

新媒体平台的视听化、沉浸化、碎片化特征为中华优秀传统文化的创新传播提供了广阔空间。如制作精美的文化宣传片、VR 体验项目、H5 互动游戏等，可以充分利用新媒体的表现力，将中华优秀传统文化中蕴含的思想智慧、道德理念、审美情趣以更加生动鲜活的方式呈现，吸引更多的年轻受众走进中华优秀传统文化的殿堂。同时，针对新媒体用户"碎片化"的阅读习惯，将中华优秀传统文化知识点化、系列化，通过短视频、长图文、H5 等新颖的形式进行包装和推送，可以有效提升中华优秀传统文化的传播效率，扩大其影响范围。

内容多元化、个性化是利用新媒体传播中华优秀传统文化的重要路径。中华优秀传统文化博大精深，具有丰富的思想内涵和时代价值。在新媒体传播过程中，要立足受众需求，因地制宜、因时而变地开发多样化的文化产品。如围绕重大节日、时事热点策划中华优秀传统文化主题的系列报道，通过网络上有影响力的人物解读经典国学著作，开设传统文化公开课、线上研讨会等，用贴近群众生活的鲜活案例诠释中华优秀传统文化的当代价值。同时，要发挥新媒体的大数据优势，深入分析不同受众群体的兴趣偏好，有针对性地推送个性化的文化内容，提升传播的精准度和有效性。

构建立体化传播格局是发挥新媒体优势、扩大中华优秀传统文化影响力的必由之路。相比于单一平台的传播，整合多元媒介资源，搭建融媒体传播矩阵，能够实现优势互补、协同发力，全方位、多角度地扩大中华优秀传统文化的受众面和影响力。具体而言，可以针对微博、微信、抖音、B站等不同社交平台的用户特点，推出既契合平台属性又彰显中华优秀传统文化魅力的专题内容。同时，还要注重线上线下互动，通过开展网络直播、云展览、VR 体验等活动，打造沉浸式的文化体验，带领受众近距离感受中华优秀传统文化的独特魅力。

### （三）非遗项目与文化体验活动

非遗项目与文化体验活动是传承中华优秀传统文化的重要载体。这些活动以生动鲜活的形式，将中华优秀传统文化中蕴含的智慧与审美呈现在大众面前，使人们在潜移默化中接受中华优秀传统文化的熏陶，增强文化认同感和民族自豪感。

非遗项目与文化体验活动的核心在于让公众参与其中，身临其境地感受传统文化的魅力。通过举办各类体验活动，非遗传承人能够面对面地向参与者讲述非遗项目背后的故事和技艺，参与者也能亲自动手实践，在交流互动中加深对非遗的理解和喜爱。许多非遗项目（如泥塑、剪纸、刺绣等），都以工作坊（Workshop）的形式向公众开放，让人们切身体验传统工艺的独特魅力。在制作的过程中，参与者不仅能掌握基本技能，更能感悟到其中蕴含的文化底蕴和智慧结晶。

在文化体验活动中，参与者身份的转变值得关注。他们不再是被动的旁观者，而是文化传承的主体。通过亲身参与，公众能够直观地感受到中华优秀传统文化在当代社会的生命力，意识到自身在中华优秀传统文化传承中的重要作用。这种参与式体验有助于唤起人们的文化自觉，激发他们传承和弘扬中华优秀传统文化的热情。许多非遗传承人还利用体验活动发掘具有专长和兴趣的学员，授之以深层次的技艺，培养新一代传人。由此，参与者从体验者逐渐成长为传统文化的践行者和传播者。

除了面对面的体验活动，数字化的非遗展示与互动也成为吸引公众参与的新途径。借助数字技术手段，非遗项目的技艺流程、知识体系能够以更立体、生动的方式呈现。云上展厅、虚拟现实等数字化展示让观众身临其境，即便足不出户也能全方位感受非遗魅力。而在线课程、互动社区等数字平台，进一步打破了时空限制，让更多人能参与非遗学习与交流。传统文化与现代科技的融合，极大地拓展了公众参与非遗传承的空间。

青少年是中华优秀传统文化传承的关键群体。许多非遗项目都积极开展青少年专题活动，以更有趣、互动性更强的形式吸引他们参与。亲子类体验活动受到家长和孩子的欢迎，不仅促进了中华优秀传统文化的代际传递，也增进了家庭成员间的情感交流。非遗进校园活动将中华优秀传统文化融入学校教育，让青少年在潜移默化中接受文化熏陶，激发他们探索传统文化的兴趣。这些举措无疑对培养青少年的文化自信和民族认同具有深远意义。

## 四、中华优秀传统文化的传承策略

### (一) 社区与家庭传承

社区和家庭是中华优秀传统文化传承的基础载体，在弘扬中华优秀文化的过程中具有不可替代的重要作用。社区作为人们日常生活和交往的重要场所，其文化氛围和精神风貌对居民的价值取向和行为方式具有潜移默化的影响。一个富有传统文化底蕴的社区，能够让居民在耳濡目染中感受传统文化的魅力，自觉践行传统美德。因此，挖掘社区蕴含的文化资源，营造传统文化氛围，对于传承中华优秀传统文化具有重要意义。社区可以通过开展形式多样的传统文化活动，如传统节日庆祝、民俗展演、非遗技艺展示等，让居民在参与中加深对中华优秀传统文化的理解和认同。同时，社区还应注重发挥老年人的独特作用，鼓励他们讲述传统故事、传授传统技艺，发挥"活化石"的作用，促进代际文化传承。

家庭是个体接受熏陶和教化的第一课堂，在中华优秀传统文化的传承中具有基础性作用。父母的言传身教对子女价值观念和行为习惯的形成具有决定性影响。重视家庭传统美德的培育，能让子女从小浸润在中华优秀传统文化的熏陶中，亲身感悟中华民族的人文精神和道德风范。具体而言，家长应以身作则，率先垂范，用自身的模范行为影响和带动子女。平时多与子女交流沟通，讲述蕴含传统美德的故事，引导他们形成正确的价值观。在家庭生活中融入传统文化元素，如茶道、插花、书法等，让子女在耳濡目染中领略中华优秀传统文化的独特魅力。随着信息技术的发展，家庭还可以借助网络平台，引导子女观看优秀的传统文化视频、参与网上的文化讨论，拓宽中华优秀传统文化学习的渠道。

社区与家庭虽处于不同层面，但在中华优秀传统文化传承中却互为依托、相辅相成。良好的社区文化能为家庭营造中华优秀传统文化传播的外部环境，家庭的文化熏陶为中华优秀传统文化的传播提供了内部支撑。两者形成合力，共同推动中华优秀传统文化薪火相传、发扬光大。当今社会正处于转型期，人们的价值观念日益多元化，中华优秀传统文化的传承面临诸多挑战。而且，随着城镇化进程的加快，社区人员流动频繁，家庭结构日趋单一，传统的文化传承模式受到冲击。在此背景下，唯有高度重视社区与家庭这两大阵地，创新中华优秀传统文化传承方式，挖掘新的文化资源，才能为中华优秀传统文化的传承提供持久动力。

### （二）企业与市场传承

在现代社会中，企业作为市场经济的主体，在中华优秀传统文化传承中发挥着日益重要的作用。商业活动与中华优秀传统文化元素的融合，不仅能为企业带来巨大的经济效益，更能促进中华优秀传统文化的创造性转化和创新性发展。

企业在中华优秀传统文化传承中的主要优势在于其庞大的市场网络和渠道资源。通过将中华优秀传统文化元素融入产品设计、广告营销等商业活动中，企业能够利用其遍布全国乃至全球的销售网点，将蕴含着中华文化精髓的商品推向更广阔的市场，扩大中华优秀传统文化的受众群体。同时，企业还可以利用新媒体平台，通过短视频、直播等互动方式，让消费者更直观、更生动地感受中华优秀传统文化的魅力，提升传播效果。

企业参与中华优秀传统文化传承有助于促进文化产业的发展。随着人们物质生活水平的提高，文化消费需求日益增长。企业可以立足自身优势，深度挖掘中华优秀传统文化资源，开发具有时代特色和民族特色的文化产品，不断丰富文化市场，满足人们日益多元化的精神文化需求。一些具有文化内涵的旅游纪念品、创意设计产品等，既能彰显中华优秀传统文化独特的艺术价值，又能带动相关产业链的发展，形成良性互动。

企业在中华优秀传统文化传承中还肩负着社会责任。作为社会的重要组成部分，企业理应积极承担起弘扬民族优秀文化的使命。通过在企业文化中融入中华优秀传统文化元素，在厂区、办公场所营造传统文化氛围，企业能够潜移默化地影响员工的价值观念和行为规范，促使其形成中华优秀传统美德。同时，企业还可以通过冠名赞助、公益活动等方式，支持传统文化事业，展现社会担当，提升品牌美誉度。

企业在中华优秀传统文化传承中也面临着一些挑战。一方面，中华优秀传统文化博大精深，如何选择适合企业特点和受众需求的文化元素进行创新融合，需要企业深入研究、精心设计。另一方面，在商业利益与文化传承之间找到平衡点，避免过度商业化而导致文化内涵的丢失，也是企业需要审慎对待的问题。只有在继承传统、坚守本真的基础上进行创新表达，才能实现中华优秀传统文化传播的可持续发展。

# 第三节　中华优秀传统文化的教育价值

## 一、中华优秀传统文化的德育价值

### （一）弘扬集体主义精神

中华优秀传统文化蕴含着丰富的集体主义精神，这一精神在传统节日和礼仪中得到了生动体现。春节、元宵节、中秋节等传统节日，不仅是亲朋好友欢聚一堂、共享天伦之乐的时刻，更是人们凝聚共识、增进感情的重要契机。节日期间，家人团聚、邻里互访、共享美食，无不彰显着中华民族重视集体、崇尚和谐的价值追求。而在婚丧嫁娶等人生大事中，亲友参与、全村帮衬的场景更是比比皆是，体现出传统社会中人与人之间紧密联系和互帮互助的美德。

值得关注的是，传统节日和礼仪所倡导的集体主义精神并非抹杀个性、禁锢思想，而是在个人与群体之间寻求平衡，实现个体价值与集体利益的和谐统一。以春节为例，除夕守岁、初一拜年等仪式虽然有一定的规矩，但各家各户在具体形式上又各有特色，儿时的压岁钱也是长辈对晚辈个性化成长的鼓励。由此可见，传统节日和礼仪既强调群体认同，又重视个体表达。这种兼顾个人与集体的智慧平衡，恰恰为当代教育提供了宝贵的启示。

当前，有些学校教育面临个人主义盛行、学生团队意识淡薄的困境。部分学生过于强调自我，忽视与他人合作，缺乏集体荣誉感，这不利于其全面健康地成长。对此，教育工作者应从中华优秀传统文化中汲取智慧，引导学生增强集体意识、培养协作精神。一方面，学校可以利用重大节日，开展丰富多彩的集体活动，如迎新联欢、元宵猜谜、中秋赏月等，让学生在参与过程中增进友谊、凝聚人心。另一方面，学校还应创新教学形式，积极开展小组合作学习、团队项目研究等，引导学生在共同目标的驱动下发挥各自所长，取长补短，切实提升其团队协作能力。

同时，教师还应引导学生正确认识个人与集体的关系，既不能脱离群体、独善其身，也不能随波逐流、人云亦云。只有树立"我为人人、人人为我"的意识，主动承担集体责任，才能获得个人成长与集体发展的双丰收。这种个体价值与集体利益相统一的情怀，正是中华优秀传统文化的重要内核，对于学生健全人格的塑造、促进社会的和谐进步都具有重要意义。

### （二）倡导诚信为本

诚信是中华民族的传统美德，是社会主义核心价值观的重要内容。在中华优秀传统文化中，诚实守信始终占据着重要地位。通过民间故事和历史典故，人们可以深刻领悟诚信的可贵，感受诚信的力量。

许多民间故事都蕴含着诚信的智慧，这些故事生动地诠释了诚信的内涵——诚信是一种崇高的人格力量，是维系人际关系的纽带，更是一个人立身处世的根本。在中华民族的历史长河中也涌现出众多诚信楷模，他们的事迹至今仍广为传颂，激励着一代又一代中华儿女坚守诚信。

通过这些民间故事和历史典故，人们可以真切感受到诚信的宝贵。诚实守信不仅能赢得他人的尊重，更能提升个人的人格魅力。作为个体，唯有言行一致、诚实守信，方能无愧于心，赢得信赖。作为国家，唯有崇尚诚信，倡导诚信，方能形成诚实守信、互信互利的良好社会风尚。这对于构建和谐社会、实现中华民族伟大复兴具有重大意义。

当前，诚信危机时有发生，欺诈、造假等失信行为对社会诚信体系造成了严重冲击。面对这一现实，应该充分发掘中华优秀传统文化中的诚信资源，用生动的民间故事和感人的历史典故教育人、感化人，引导人践行诚信，将其内化于心、外化于行。同时，还要不断健全诚信教育体系，创新诚信教育方式方法，引导广大青少年从小培养诚实守信的良好品格，成为诚信建设的践行者和传播者。

## 二、中华优秀传统文化的智育价值

### （一）启迪思维智慧

中华优秀传统文化蕴含着丰富的哲学思想和智慧结晶，体现出古人高瞻远瞩的洞察力和独到见解。这些思想不仅为当时的社会发展提供了重要指引，更为后世留下了宝贵的精神财富。在现代教育语境下，挖掘和弘扬传统哲学思想的当代价值，对于启迪学生思维、提升其问题解决能力具有重要意义。

古代哲学思想内容广博，涵盖天、地、人等多个层面，至今仍闪耀着智慧的光芒，为人们认识和改造世界提供了独特的视角。引导学生学习和领悟传统哲学思想的精髓，能够帮助其形成正确的世界观、人生观和价值观，培养"克己复礼""推己及人"的崇高品格。

在培养学生问题解决能力方面，兵法谋略是另一个重要的思想宝库。《孙子兵法》《三十六计》等典籍记载了丰富多样的谋略、策略，体现了中国人深邃的战略思维。"知己知彼，百战不殆"强调全面了解双方情况的重要性；"攻心为上，攻城为下"主张寻找事物的关键、薄弱环节；"围魏救赵"启示人们在资源有限的情况下，要审时度势，抓住主要矛盾。这些策略虽然源于军事领域，但其蕴含的辩证思维、全局意识、权变思想对于分析和解决现实问题同样具有借鉴意义。引导学生学习兵法谋略，能够提升其逻辑思辨能力，培养不怕困难、勇于创新的开拓精神。

在教学实践中，教师应紧密结合学生的认知特点，采用多元化的教学方式，促进学生对传统哲学思想的主动理解和内化。如在学习天人关系时，教师可以组织学生开展"我眼中的自然"主题讨论，引导其畅想人与自然和谐共处的美好图景；在学习兵法谋略时，教师可以设计开放性的问题情境，鼓励学生运用所学策略提出解决方案，并组织交流、辩论。此外，教师还可以引导学生积极参与校内外弘扬中华优秀传统文化的活动，通过参观博物馆、观看传统戏剧等形式，沉浸式体验中华优秀传统文化的博大精深。唯有在亲身实践中感知和领悟，学生才能真正将传统哲学思想内化为自己的行为品质。

## （二）传承知识体系

中华优秀传统文化蕴含着丰富的科学知识和思想精华，是中华民族数千年来探索自然奥秘、认识世界规律的智慧结晶。在现代教育语境下，继承和发扬中医、天文、地理等传统学科知识，对于培养学生的科学素养和文化自信具有重要意义。

### 1. 中医学

中医学是中华民族在长期实践中形成的一套独特的医学理论体系。它立足于中国传统哲学，以阴阳五行学说为核心，强调人与自然的和谐统一。将中医药知识引入现代教育，不仅能帮助学生了解中医诊断、治疗、养生的基本原理，更能让其领悟中医"治未病"的预防理念和"辨证论治"的个性化诊疗思想。通过亲身实践中药炮制、针灸推拿等传统技艺，学生还能直观地感受到中医的魅力。

2. 天文学

天文学是中国古代最发达的自然科学之一。古人通过长期观察天象，总结出二十四节气、四时五行等反映自然规律的理论，并创制了浑仪、简仪等观测仪器，准确推算出日食、月食等天文现象。学习古代天文学知识，学生不仅能认识到我国古代天文学的巨大成就，更能感悟古人探索自然奥秘的执着追求和敢于创新的科学精神。开展天文观测实践，还能引导学生运用现代科技手段去印证古人的研究成果，在传承与创新中感悟科学的无穷魅力。

3. 地理学

地理学是中国传统文化的重要组成部分。从《山海经》到《水经注》，再到《徐霞客游记》，古人以敏锐的观察力和细腻的描述，记录下祖国大好河山的壮丽景观和人文风貌。将这些宝贵的古代地理学著作引入教学，能帮助学生认识祖国疆域的辽阔，领略传统地理学的人文情怀。开展野外考察、地图绘制等活动，更能提高学生运用地理知识分析问题、解决问题的实践能力。

### (三) 强化语言文字运用

汉字是中华民族的瑰宝，蕴含着悠久的历史文化和深厚的人文内涵。作为世界上最古老的文字之一，汉字以其独特的构形和丰富的意象，传承着中华文明的精髓。在现代教育中，汉字学习不仅有助于提升学生的语文素养，更能培养其民族认同感和文化自信心。

汉字学习能够帮助学生深入理解词汇的本义和引申义。每个汉字都有其独特的造字理据，蕴含着丰富的文化内涵。例如，"家"字由"宀"和"豕"构成，本义为猪圈，引申为住所、家庭等，体现了中国古代以农业为主的社会特点。通过对字形结构和象形意义的分析，学生能够透过字表，洞察古人的生活方式和思维模式，加深对语言的理解。

成语和典故的学习能够提升学生的文学修养和人文素质。成语是凝聚着历史智慧和道德理念的语言结晶，典故则是古代故事或有出处的词语、诗文等，它们在文学作品中被巧妙地引用或化用，以增加作品的文化底蕴和表现力。例如，"卧薪尝胆"这个成语，源自春秋时期越王勾践被吴王夫差打败后，励精图治、以图复国的故事。这个成语不仅体现了坚韧不拔、自强不息的精神，也告诫人们面对失败和挫折时，要有勇气和毅力去克服，最终实现自己的目标。通过对这些成语典故的学习，学生不仅能够提高语言表达的精准度，更能领略古代文学的魅力，汲取治学为人的智慧。

古诗文的诵读和创作，是提升学生语言文字运用能力的重要途径。诗词歌赋作为汉语的艺术表现形式，既有严谨的格律要求，又富含深邃的意境美感。学生在诵读名家佳作的过程中，能够感受语言的韵律之美，领悟诗人咏叹的情怀。而在习作实践中，学生又能创造性地运用所学知识，抒发自己的情感体验。写作实践既能锻炼学生的语言表达能力，也能引导他们用丰富的情感去观察生活、认知世界。

## 三、中华优秀传统文化的体育价值

### （一）传统体育项目的健身价值

传统体育项目种类繁多，具有极大的健身价值。以武术为例，中华武术博大精深，历经数千年的传承与发展，形成了丰富多样的流派和体系。作为中华民族传统体育的重要组成部分，武术不仅蕴含着深厚的文化内涵，更具有独特的健身价值。武术作为我国传统体育项目，在增强人民体质、弘扬民族精神、促进全民健身等方面有着不可替代的重要作用。

武术博采众长，融合了攻防技击、舞蹈艺术等多种元素，练习方式灵活多样，适合不同年龄、不同体质的人群。无论是刚柔并济的太极拳，还是连贯圆活的形意拳，抑或是刚猛有力的少林拳，都能够通过一定的练习达到强身健体的目的。现代运动生理学研究结果表明，长期习练武术能够全面提高心肺功能、肌肉力量、柔韧性和平衡协调能力，对慢性疾病的预防和康复有积极作用。

与现代竞技体育相比，传统武术更加注重人体的整体协调与内在感受。练习者在运用弓、箭、刀、枪等器械的过程中，通过肢体的舒展、力量的转换，能够打通经络、疏通气血，达到身心合一的境界。这种追求形神兼备、内外兼修的健身理念，正是传统武术的独特魅力所在。

除强身健体外，习练武术还有助于培养坚韧不拔的意志品质和吃苦耐劳的优秀品格。武术练习讲求持之以恒、刻苦钻研的态度，短期内难以看到明显成效，是对意志力和耐力的极大考验。只有经受住考验、坚持不懈，才能领悟武术的精髓，获得身心的双重进益。

新时代赋予武术新的时代内涵和发展方向。随着全民健身上升为国家战略，习练武术逐渐成为广大人民群众强身健体、修身养性的重要途径。一方面，国家高度重视武术在社会主义精神文明建设中的作用，大力弘扬中华优秀传统武德，培育新时代武德精神；另一方面，各地积极举办武术比赛、成立武术社团，力图在全社会营造浓厚的"武术热"氛围。在传承创新中，武术焕发出勃勃生机。

### （二）持之以恒的体育精神

中华优秀传统体育活动蕴含着丰富的人文精神和教育智慧，对于培养学生坚韧不拔的意志品质具有重要意义。在古代，体育不仅被视为强身健体的手段，更被赋予了修身养性、砥砺品格的深刻内涵。诸如射箭、角力、蹴鞠等传统体育项目，无不体现出古人对意志力量的推崇和追求。

以射箭为例，这项运动不仅考验选手的准确性和技巧，更要求其具备极高的专注力和自制力。选手需要在瞄准的瞬间屏息凝神，将身心完全投入到射击动作中，稍有分神就可能失之毫厘、谬以千里。这种全神贯注的训练，能够帮助学生在面对困难和压力时保持冷静，不轻言放弃。即便失败了，也能从容地接受结果，总结教训，为下一次出发做好准备。射箭运动锻造的是凝心聚气、百折不挠的品格。

再如，古代的角力比赛。这类比赛强调的是体能与意志的极限较量，通常每场比赛的持续时间都较长，对抗激烈，选手需要在高强度的肢体冲突中维持旺盛的战斗欲望，绝不能因为疲惫或是落后而言弃。在这个过程中，选手的毅力和拼搏精神得到淋漓尽致的展现。这种敢于迎难而上、永不言败的竞技精神，正是角力这项古老运动的精髓所在。而这一品质的培养，对于当代学生的全面发展无疑具有重要价值。

古人还创造了舞龙、毽球等独具民族特色的传统体育活动，这些项目在强健体魄的同时，也在潜移默化中影响着参与者的人格塑造。以蹴鞠为例，这项被誉为"足球鼻祖"的运动不仅讲求个人技艺，更强调整体配合。队员们需要通力合作，默契传球，方能获得最终胜利。在反复的训练和比赛中，学生能够真切地感悟团队的力量，领会密切协作的重要性。而这种群策群力、同舟共济的集体主义精神，正是中华民族赓续生存、薪火相传的文化密码。

### （三）社会交往与合作能力

传统体育活动中蕴藏着丰富的社会交往与合作精神，这为当代学生的全面发展提供了宝贵的教育资源。通过参与集体性的传统体育项目，学生能够在运动中增进彼此了解，学会换位思考和相互体谅，提高人际交往能力。如在龙舟比赛中，团队成员需要高度协调划桨的频率和力度，这不仅考验个人的体能和技巧，更需要团队成员默契的配合和紧密的团结。在这一过程中，学生能够切身体会到团队协作的重要性，认识到个人利益与集体利益的辩证统一。

许多传统体育活动都蕴含着丰富的文化内涵和价值理念，是中华民族智慧的结晶。以武术为例，它不仅是一项体育运动，更体现了中国传统文化中"以柔克刚"的处世智慧。通过学习武术，学生不仅能够强身健体，更能领悟到谦逊、自律等传统美德，培养高尚的道德情操。类似地，围棋所蕴含的弈道智慧、舞龙舞狮所体现的民俗文化，都能为学生的人文素养提升提供有益启示。

在推广传统体育活动时，教育工作者应注重因材施教，根据学生的个性特点和兴趣爱好灵活设计教学内容，通过开设丰富多样的体育选修课，举办形式多样的文体活动，鼓励学生自主探索传统体育的魅力。同时，教师还应加强师生互动，在运动实践中引导学生主动思考传统体育所蕴含的文化价值，帮助其构建正确的世界观、人生观和价值观。

此外，高校还应加强与社会各界的合作，整合优质教育资源，为学生提供更多参与传统体育活动的机会。例如，学校可以与当地文化部门合作，邀请非遗传承人来校举办讲座和示范教学；与体育社团合作，组织学生参加大型赛事和展演活动；与新闻媒体合作，宣传推广传统体育文化，扩大其社会影响力。

## 四、中华优秀传统文化的美育价值

### （一）艺术审美能力的培养

中华优秀传统文化的经典文学艺术作品蕴含着极高的审美价值，对于培养当代学生的艺术审美能力具有重要意义。中国传统书法和国画作为中华文化的瑰宝，不仅展现了独特的艺术魅力，更体现了中华民族深厚的文化底蕴和审美追求。将书法和国画引入高校美育课程，能够引导学生欣赏和体悟传统艺术之美，提升其艺术鉴赏力和审美情趣。

书法作为一门融汇了文学、美学、哲学等多学科内涵的综合性艺术，对学生审美能力的培养大有裨益。通过临摹古代书法名家的作品，学生能够领略不同书体的风格特点，感受书法线条的节奏感和韵律美。同时，在反复练习的过程中，学生能够提高对字形结构、笔画运用的敏锐度，逐步养成严谨细致的审美态度。此外，学习书法还能让学生体悟中国传统哲学思想在艺术创作中的运用，从而加深对中华优秀传统文化的理解和认同。

国画同样是中华民族智慧和审美理想的结晶。通过欣赏国画经典作品，学生能够感知诗情画意的意境之美，领悟"留白""写意"等独特的艺术表现手法。在国画学习过程中，学生需要训练对色彩、构图、笔墨韵律的把控能力，这有助于提升其视觉审美敏感性和艺术表现力。同时，学习国画还能让学生深入了解中国山水、花鸟、人物等题材画作的文化内涵，体会中华民族对自然景物的情感寄托和人文关怀，从而增强文化自信和民族认同感。

在推进书法、国画等传统艺术进校园的过程中，教师应注重因材施教，根据学生的艺术基础和兴趣爱好，设计富有吸引力和挑战性的教学内容。同时，教师还应引导学生将传统艺术与当代审美相结合，鼓励其在继承传统的基础上进行创新探索。例如，可以开展主题创作活动，引导学生用书法、国画等艺术形式表达对社会热点问题的思考，或创作反映当代学生生活的艺术作品。这样不仅能够提高学生的艺术创新能力，更能使其深刻认识到中华优秀传统文化在当代社会的生命力和时代价值。

### （二）传统节日和庆典活动的美感体验

传统节日和庆典活动蕴含着丰富的美学价值，是中华优秀传统文化的重要组成部分。从春节、中秋节等节日中，人们不仅能感受到浓郁的节日氛围和欢乐祥和的气氛，更能领略到传统文化独特的审美情趣和艺术魅力。

春节作为中华民族最重要的传统节日，其美学价值体现在多个方面。从视觉上看，春节期间随处可见的红色装饰（如红灯笼、红对联、红窗花等）象征着吉祥、喜庆，能营造出热闹的节日氛围，而舞龙舞狮、踩高跷等民间表演，更是将节日的欢乐气氛推向高潮。从听觉上看，鞭炮声、锣鼓声、秧歌声交织在一起，奏响了春节的欢庆乐章。亲朋好友间的祝福问候、家人团聚时的欢声笑语，体现了浓浓的友情和亲情。从嗅觉上看，春节期间家家户户飘出的饺子香，让人感受到温馨和满足。这些多重感官体验，共同构成了春节独特的美学价值。

中秋节作为中华民族又一个重要的传统节日，同样蕴含着丰富的美学内涵。皓月当空、秋高气爽的自然景象，营造出一种空灵、澄澈的意境。而月饼、桂花、菊花等富有诗意的物象，更是将这种意境推向深远。人们赏月、吟诗、品茗、话家常，在形与神、物与我的交融中，体悟人生、感悟生命。这种物我交融、诗情画意的意境，正是中秋节独特的美学魅力所在。

除春节、中秋节外，端午节、清明节、元宵节等，也都有着独特的美学价值。端午节的粽叶飘香、龙舟竞渡，清明节的缅怀先祖、踏青郊游，元宵节的花灯争辉、猜谜娱乐，无不体现出传统节日的艺术魅力和人文内涵。

传统节日和庆典活动之所以具有如此丰富的美学价值，根本在于其具有深厚的文化底蕴。这些节日经过千百年的传承和发展，已经与中华民族的生活方式、价值观念、审美情趣紧密结合，成为凝聚民族精神、传递文化基因的重要载体。节日期间的各种活动，如祭祀、祝福、团圆等，既体现了中华民族重精神、尚礼乐的文化特质，也寄托了人们对美好生活的向往和追求。

深入挖掘和阐发传统节日的美学价值，对于传承和弘扬中华优秀传统文化具有重要意义。一方面，它有助于增强民族文化自信，唤起人们对传统文化的认同感和归属感；另一方面，它也为当代艺术创作提供了丰富的素材和灵感源泉，推动传统文化的创造性转化和创新性发展。

### （三）传统文学作品的情感陶冶

诗词歌赋作为中华优秀传统文化的重要组成部分，蕴含着丰富的情感内涵和深刻的人文精神。在现代教育语境下，将诗词歌赋引入课堂教学，不仅能够陶冶学生的情操，培养其人文素养，更能帮助学生树立正确的价值观念，形成高尚的道德品质。

从情感陶冶的角度来看，诗词歌赋具有优美的语言、生动的意象和真挚的情感，能够直抵学生内心，唤起其对美好事物的向往和追求。通过引导学生品味这些经典篇章，教师能够帮助其体验不同情境下的喜怒哀乐，培养其丰富的情感体验和健全的人格品质。

从人文精神的角度来看，诗词歌赋蕴含着中华民族几千年来形成的价值理念和道德观念，对于学生树立正确的世界观、人生观和价值观具有重要意义。通过解读这些蕴含着丰富人文内涵的诗词歌赋，学生能够感悟中华民族的精神追求，继承和发扬中华优秀传统文化。

同时，诗词歌赋还能够帮助学生提升语言表达能力和审美鉴赏能力。诗词歌赋的语言高度凝练、韵律优美，富有音乐性和节奏感。通过诵读、吟咏、品析这些优秀作品，学生能够领略语言的魅力，提高对语言的敏感度和驾驭能力。此外，诗词歌赋还蕴含着丰富的意象和美学价值，给人以强烈的美的感受。欣赏这些优美的意象，能够陶冶学生的审美情趣，提升其审美鉴赏能力。

## 五、中华优秀传统文化的劳育价值

中华优秀传统文化的劳育价值体现在多个方面，它不仅是中华民族的精神命脉和宝贵财富，也是新时代劳动教育的重要资源和支撑。

### （一）提供正确的价值引领

1. 勤劳精神

中华优秀传统文化中蕴含着丰富的勤劳精神，如"勤劳致富""劳动最光荣"等观念，为新时代的学生提供了正确的价值引领，让他们认识到劳动的重要性，树立尊重劳动、崇尚劳动的价值观念。

2. 责任与担当

通过学习和传承中华优秀传统文化，学生能够深刻理解自身所肩负的历史使命和时代责任，将个人理想与国家发展、民族进步紧密结合，以勤奋踏实、艰苦奋斗的精神为实现中华民族伟大复兴的中国梦贡献力量。

### （二）增强学生的文化认同与文化自信

1. 文化认同

在劳动教育中融入中华优秀传统文化，能够让学生感受到中华文化的博大精深和独特魅力，增强他们对中华文化的认同感和自豪感。

2. 文化自信

面对西方多元文化的冲击，中华优秀传统文化为学生提供了坚实的文化根基，让他们在面对各种文化思潮时能够保持清醒的头脑和坚定的立场，树立起强烈的文化自信。

### （三）促进学生全面发展

#### 1. 精神品质培养

将中华优秀传统文化中的求实创新、刚毅坚卓、奋发图强等精神力量融入劳动教育，能够引导学生形成积极向上的精神品质，提升他们的自我修养和思想境界。

#### 2. 劳动技能提升

通过学习和传承中华优秀传统文化中的劳动智慧和实践经验，学生能够掌握更多的劳动技能和方法，提高劳动能力和水平。

#### 3. 创新能力培养

中华优秀传统文化中蕴含着丰富的创新精神和创造智慧，这些精神资源能够激发学生的创新意识和创新能力，让他们在劳动实践中不断尝试新方法、探索新技术。

### （四）丰富劳动教育内容和形式

#### 1. 教育内容拓展

中华优秀传统文化为劳动教育提供了丰富的内容资源，如古代劳动故事、劳动诗词、劳动谚语等，这些内容能够丰富劳动教育的内涵和外延。

#### 2. 教育形式创新

组织学生参与传统文化体验活动、劳动实践活动等形式多样的教育活动，能够让学生在实践中感受劳动的乐趣和价值，提高他们的劳动兴趣和积极性。

# 第二章 中华优秀传统文化在现代教育中的重要性

## 第一节 中华优秀传统文化与现代教育的关系

### 一、中华优秀传统文化在现代教育中的融入

#### （一）融入现代教育战略的意义与路径

中华优秀传统文化融入现代教育的总体规划对于教育战略的制定具有重要意义。这不仅关乎民族文化的传承和发展，更事关国家教育事业的未来走向。要将传统文化的精华与现代教育有机结合，必须在战略层面进行系统谋划和顶层设计。

从宏观层面看，将中华优秀传统文化纳入现代教育战略，有助于构建具有中国特色、中国风格、中国气派的教育体系。中华优秀传统文化蕴含着丰富的思想智慧和道德理念，是中华民族的精神瑰宝。将其融入教育，不仅能够增强文化自信、提升民族凝聚力，还能为教育注入新的内涵和活力。通过传统文化的熏陶，学生能够更加深刻地认识中华文明的博大精深，增强民族自豪感和使命感，这对于培养担当民族复兴大任的时代新人具有重要意义。

从中观层面看，将传统文化融入现代教育战略，需要在课程设置、教学方式、师资培养等方面进行系统规划。课程设置应体现传统文化的核心内容和基本精神，既要重视国学经典的学习，又要注重与现实生活的联系。教学方式要突破传统的灌输模式，注重学生的主体参与和实践体验，让传统文化在互动中得以内化和升华。师资队伍建设要加强传统文化素养的培养，提升教师传道、授业、解惑的能力。只有全方位、多层次地推进传统文化与现代教育的融合，才能真正实现二者的良性互动和协同发展。

从微观层面看，将传统文化融入现代教育战略，要充分发挥学校、家庭、社会三位一体的教育合力。学校是传统文化教育的主阵地，要通过特色课程、校园文化等载体，营造传统文化的浸润环境。家庭是传统文化教育的重要场所，

要引导家长以身作则，在日常生活中言传身教。社会是传统文化教育的广阔空间，要充分利用博物馆、非遗项目等资源，创新传统文化教育的形式和内容。只有形成教育合力，才能让中华优秀传统文化真正走进学生的心里，成为他们成长的滋养之源。

## （二）教育内容的本土化

教育内容的本土化是指将中华优秀传统文化融入现代教育体系之中，使学生能够在学习过程中深入了解和体验民族文化的精髓，增强文化认同感和民族自豪感。这是培养学生家国情怀、传承民族精神的重要途径，对于促进教育的可持续发展具有重要意义。

中华文明源远流长，积淀了丰富的思想文化遗产。各家思想、古典文学、传统艺术等，都蕴含着深刻的人文精神和道德理念，体现了中华民族独特的价值追求和审美情趣。将这些优秀传统文化元素融入教育内容，不仅能够拓宽学生的知识视野，提升其人文素养，更能引导学生树立正确的世界观、人生观和价值观，塑造高尚的道德品质。

教育内容的本土化可以从以下几个方面入手。在语文教学中，应选取蕴含传统美德和人文精神的古诗文、寓言故事等作为教材，引导学生感悟先贤的智慧，领略传统文化的魅力。在历史教学中，应客观、全面地呈现中华文明的发展脉络，让学生认识到民族文化在世界文明史上的地位和贡献。在艺术教育中，应重视传统艺术形式的传承和创新，如国画、书法、戏曲等，培养学生的审美能力和艺术修养。在德育教学中，应挖掘传统文化中的道德内涵，如"忠孝仁义""众人拾柴火焰高"等，帮助学生形成正确的价值取向和行为准则。

教育内容的本土化并非简单地复古和回归，而是要立足当下、面向未来，实现传统文化与现代文明的创造性转化和创新性发展。这就要求教育工作者深入挖掘传统文化的时代价值，将其与现代教育理念相融合，创新教学内容和方式方法，使之更加贴近学生的生活实际和成长需求。只有这样，才能真正发挥传统文化的育人功能，实现文化传承与教育发展双赢。

教育内容本土化的推进还需要营造良好的社会文化环境。学校、家庭、社会应形成合力，共同营造尊重传统、崇尚经典的文化氛围，为学生提供亲近和体验传统文化的机会和平台。例如，学校可以定期开展"经典诵读""国学小名士"等活动，家长可以带孩子参观博物馆、纪念馆等场所，社区可以举办传统文化节、民俗展演等活动。在潜移默化中，让学生受到中华优秀传统文化的熏陶，增进对民族文化的理解和热爱。

## 二、中华优秀传统文化在现代教育课程中的体现

### （一）课程设置的文化内涵

在构建现代教育课程体系时，传统文化内涵的渗透和融合是一个至关重要的环节。传统文化是民族的根脉，是连接古今、贯通中外的精神纽带，其中蕴含着丰富的哲学思想、人文精神、价值理念和道德规范。将这些宝贵的文化遗产融入现代教育之中，不仅能够增强课程的文化底蕴和育人内涵，还能培养学生的文化自觉和民族自信，促进其全面发展。

以语文课程为例，传统经典诗文、历史散文等文本的选择和编排，直接影响着学生人文素养和审美情趣的培养。教师应精心遴选富有民族特色和时代精神的优秀作品，引导学生领悟其中的思想内涵和艺术价值。这些经典作品不仅提供了优秀的语言范本，更承载着中华民族独特的人文精神和价值追求，对学生品格的塑造和人格的完善具有重要意义。

在历史课程中，中华优秀传统文化内容的纳入也具有独特的育人功能。历史课程不仅要向学生介绍不同历史时期的重大事件、杰出人物和社会变迁，更要引导学生认识和把握历史发展的内在规律，理解不同时代的文化特征和价值观念。例如，在讲授盛唐时期的历史时，教师可以引导学生感受开放包容、兼收并蓄的文化气度，体会经济繁荣、文化昌盛的盛世景象。这种立体化、多维度的历史呈现，能够帮助学生更加全面地认识中华文明的发展脉络，增强其文化认同感和民族自豪感。

中华优秀传统文化在德育课程中的融入，是培养学生道德品质和价值观念的重要路径。中华优秀传统文化中不乏关于个人修养、社会责任、家国情怀等方面的思想瑰宝，这些内容与社会主义核心价值观有着内在的契合。德育课程应注重挖掘和阐发其中的思想精华，引导学生将其内化为人生信念和行为准则。例如，在进行理想信念教育时，教师可以利用"天下兴亡，匹夫有责"的思想，激励学生胸怀大志、勇担重任；在进行诚信教育时，教师可以讲述"人而无信，不知其可"的道理，引导学生践行诚实守信的品格；在进行家庭美德教育时，教师可以阐述"父慈子孝""兄友弟恭"的伦理要求，引导学生传承中华民族优良的家风家教。这些富有智慧和哲理的传统文化思想，不仅为德育课程提供了

丰富的教育资源，更为学生的健康成长指明了方向。

### （二）中华优秀传统文化与现代课程的融合方式

中华优秀传统文化与现代课程的融合是一个复杂而系统的过程，需要在教学目标、教学内容、教学方法等多个维度进行深入探索和创新实践。首先，中华优秀传统文化与现代课程融合的根本目的在于实现立德树人的根本任务，培养学生的家国情怀、文化自信和价值观念。因此，在设定教学目标时，既要关注知识技能的传授，又要注重学生情感态度的引导和品德修养的提升。教师应从中华优秀传统文化中提炼出与时代精神相契合的价值内核，融入课程目标，引导学生在学习过程中内化这些价值理念，形成正确的世界观、人生观和价值观。

其次，中华优秀传统文化与现代课程的融合要在教学内容上找到契合点，既要体现中华优秀传统文化的精髓，又要符合现代教育的需求。这就需要教师深入挖掘中华优秀传统文化的丰富内涵，选取其中与现代课程相关、对学生成长有益的内容进行教学。例如，在语文课程中，教师可以选取古代诗歌、散文等蕴含丰富人文精神的篇章进行教学，引导学生感悟中华文化的博大精深；在历史课程中，教师可以讲述传统节日、民俗礼仪的来源和意义，增强学生的文化认同感；在艺术课程中，教师可以传授国画、书法、戏曲等传统艺术的基本技法，培养学生的审美情趣和人文素养。总之，中华优秀传统文化与现代课程在教学内容上的有机融合，可以有效拓宽学生的知识视野，提升其综合素质。

再次，中华优秀传统文化与现代课程的融合还需要创新教学方法，采用体验式、参与式的教学模式，让学生在实践中感悟传统文化的魅力。单纯的说教式授课往往难以调动学生的学习兴趣，也无法达到教学目标。相比之下，情境教学、项目学习等教学方法更能激发学生的主动性和创造性，帮助其在亲身体验中加深对中华优秀传统文化的理解和认同。例如，教师可以组织学生参观博物馆、文化遗址，开展传统手工制作、民俗表演等活动，让学生身临其境地感受中华优秀传统文化的独特魅力；又如，教师可以设计与中华优秀传统文化相关的研究性学习项目，引导学生运用所学知识解决现实问题，在探究过程中深化对中华优秀传统文化的认识和理解。总之，创新教学方法是中华优秀传统文化与现代课程有效融合的关键，只有转变教学理念、创新教学模式，才能真正实现中华优秀传统文化的教育价值。

另外，中华优秀传统文化与现代课程的融合还需要注重教学评价的导向作用，建立科学、多元的评价体系。传统的评价方式往往过于注重学生对知识点的机械记忆和死板运用，难以全面评估其综合素质的提升。为了突破这一局限，教师应建立过程性评价与终结性评价相结合、定量评价与定性评价相结合的多元评价体系，考查学生在传统文化学习中的情感体验、价值认同、实践能力等多个维度的表现。同时，评价主体也要多元化，除了教师评价，还要重视学生自评、互评及家长评价，形成多方参与、共同促进的良性评价机制。科学、多元的教学评价不仅能够客观反映学生的学习效果，更能引导其形成正确的学习动机和积极的学习态度，为传统文化与现代课程的深度融合提供有力支撑。

## 三、中华优秀传统文化在教育多元化中的体现

### （一）多元文化背景下的传统教育理念

在全球化和多元文化背景下，中华优秀传统文化的保留和发扬面临着前所未有的机遇与挑战。一方面，文化交流的日益频繁为中华优秀传统文化走向世界提供了广阔舞台；另一方面，多元文化的激荡、碰撞也对中华优秀传统文化的传承提出了更高要求。在这种情况下，教育承担着传承文明、培育文化自信的重任。将中华优秀传统文化融入现代教育，既是对其的传承创新，也是培养高素质人才的必然要求。

中华优秀传统文化蕴含着丰富的教育资源和思想精华。诸如"诚信、仁义"的人文精神、"止于至善"的道德追求等，都为现代教育提供了宝贵的精神财富。将这些文化元素融入教育实践，有助于引导学生树立正确的世界观、人生观和价值观，塑造高尚的道德品格。同时，中华优秀传统文化中重视伦理道德、注重社会责任的价值取向，也与社会主义核心价值观高度契合，对于培养有理想、有道德、有文化、有纪律的社会主义建设者和接班人具有重要意义。

将中华优秀传统文化融入现代教育，还需要在教育理念、教学内容和教学方法等方面进行创新。首先，要树立文化自信，将弘扬中华优秀传统文化作为教育的重要内容和目标。其次，要结合不同学科和教学环节，开发融入传统文化元素的课程资源，丰富教学内容。另外，要创新教学方法，采用体验式、项目式等多样化的教学模式，增强传统文化教育的趣味性和实效性。例如，通过诵读国学经典、体验传统技艺、参与文化实践等活动，让学生在亲身体验中感悟传统文化的魅力。

将中华优秀传统文化融入现代教育还要注重与时俱进，立足当下、面向未来。这就要求人们在传承中华优秀传统文化时，要秉持"取其精华、去其糟粕"的原则，确保所传递的文化内容符合当代社会发展需要。例如，在弘扬传统美德的同时，要剔除封建糟粕，倡导平等、开放、包容的现代文明理念。又如，在继承传统知识的同时，要融入现代科技元素，培养学生的创新意识和实践能力。唯有如此，才能使中华优秀传统文化真正成为引领社会进步的精神力量。

### （二）多元课程体系中的中华优秀传统文化融入

随着教育理念的不断更新和社会需求的日益多元化，多元课程体系已成为现代教育改革的重要趋势。在这一背景下，中华优秀传统文化在不同学科、不同层次教育中的融入，为丰富课程内容、培养学生综合素质提供了重要契机。

中小学教育阶段是学生价值观形成的关键期，将中华优秀传统文化有机融入语文、历史、思想品德等人文学科，有助于培养学生的家国情怀、道德修养和人文精神。例如，在语文教学中，教师可选取经典著作，引导学生体悟其中蕴含的道德智慧和处世哲学；在历史教学中，教师可重点讲解诸子百家的思想主张，帮助学生理解中华文明的多元内涵；在思想品德教学中，教师可结合传统美德，引导学生践行仁爱、礼让、诚信、正义等价值理念。通过学科融合，学生不仅能够系统认识中华优秀传统文化，更能内化其思想精髓，形成正确的世界观、人生观和价值观。

在高等教育阶段，中华优秀传统文化可与哲学、文学、艺术等人文学科深度融合，提升人才培养的文化内涵和思想高度。哲学专业可开设中国传统哲学课程，系统讲授各流派的思想体系，培养学生的思辨能力和人文素养；文学专业可开设古代文论、诗词曲赋等课程，引导学生领悟传统文学的审美旨趣和人文精神；艺术专业可开设国画、书法、戏曲等课程，传承中华艺术的独特魅力。同时，理工科专业也可因材施教地融入中华优秀传统文化元素，如将"工欲善其事，必先利其器"的治学理念融入机械设计专业。通过跨学科的文化融合，学生能够形成宽广的文化视野和深厚的人文底蕴，为未来的创新发展奠定坚实的基础。

此外，在继续教育和老年教育中，开设中华优秀传统文化课程也具有重要价值。一方面，中华优秀传统文化能够丰富学员的精神生活，陶冶情操，提升生活品质；另一方面，中华民族的传统智慧，如中医养生、家庭伦理等，对于提高学员的身心健康、构建和谐人际关系具有重要的启示。

## （三）多样化教育需求与中华优秀传统文化的适应性

在当今社会日新月异的发展变革中，教育领域也面临着前所未有的机遇和挑战。面对学生日益多样化的学习需求，传统的教育模式和内容已难以完全满足其成长和发展的要求。因此，如何在尊重教育规律和学生主体性的基础上，不断创新教学内容和方法，已成为教育工作者的重要课题。中华优秀传统文化作为中华民族的宝贵财富，蕴含着丰富的教育智慧和育人资源。将其融入现代教育实践，不仅能够增强文化认同、坚定文化自信，更能为学生的全面发展提供精神滋养和智慧启迪。

中华优秀传统文化与现代教育相结合，需要在内容上做到古为今用、推陈出新。这就要求教育工作者深入挖掘中华优秀传统文化的时代价值，选取与当前教育目标相契合、与学生成长需求相适应的文化内容，进行创造性转化和创新性发展。例如，在德育方面，可以借鉴中华优秀传统文化中的礼仪教育、修身养性等内容，引导学生形成正确的价值观念和道德品质；在智育方面，可以汲取中华优秀传统文化中的治学方法、思辨智慧等精华，培养学生的逻辑思维和创新能力；在美育方面，可以充分利用传统艺术的熏陶力和感染力，提升学生的审美情趣和人文素养。通过传统与现代的有机融合，不断丰富教育内容，更好地满足学生成长的需要。

在教学方式上，将中华优秀传统文化引入现代教育，需要坚持学生主体性原则，注重个性化、差异化的教学设计。每名学生都是独特的个体，有着不同的兴趣爱好、认知特点和接受能力。因此，教师要充分尊重学生的主体地位，根据其特点灵活设计教学方案，提供多样化的学习资源和体验方式。例如，对于感兴趣的学生，可以组织传统文化社团、开展国学经典诵读等活动，让其在实践中感悟中华优秀传统文化的魅力；对于理解力较强的学生，可以引导其探究传统智慧与现代学科的关联，使其形成批判性思维和创新意识；对于动手能力较强的学生，可以开展传统手工艺制作、戏曲表演等体验式学习，提升其综合素质。唯有因材施教、循序渐进，才能让每名学生在中华优秀传统文化的熏陶中茁壮成长。

在评价考核上，将中华优秀传统文化融入教学还需要创新评价理念和方式。传统的应试教育往往重结果轻过程，难以全面评估学生的综合素质和发展潜力。而中华优秀传统文化的学习本就不应局限于死记硬背，更应注重学以致用、内化于心。因此，在考评时要坚持全面性、发展性原则，采取多元评价方式，综合考查学生对中华优秀传统文化的理解、内化和运用。可以通过开放性论文、情境化展演、研究性学习等方式，引导学生将所学内容与现实生活相结合，在实践中加深认识、提升能力。同时，要重视学生的自我评价和同伴互评，促进其在学习中进行自我反思、相互启发，形成良性的文化学习氛围。

# 第二节　中华优秀传统文化对个人品德的塑造

## 一、中华优秀传统文化中的道德观念

### （一）礼仪之邦的道德根基

礼仪之邦的道德根基建立在讲究礼节和和谐相处的理念之上。中华民族自古以来就崇尚礼仪，视其为立身处世、维系人际关系的必备品格。礼仪不仅是外在的规范和约束，更内化为个体的道德情操和价值追求。它要求人们时刻保持谦逊有礼、温和友善的态度，尊重他人、与人为善，通过良性互动塑造和谐共处的人际关系。

在中华优秀传统文化中，"和"被视为最高的处世原则，其内涵远超"没有冲突"的表象，而是追求人与人、人与自然、人与社会的协调统一，无不体现出对万物的慈悲之心和与他者和谐共处的价值追求。在日常生活中恪守礼仪，不仅能够营造祥和友善的人际氛围，更能促进个人道德修养的提升。

讲究礼节，是中华民族千百年来形成的文明习俗。"请""谢谢"等寻常礼貌用语的背后，蕴含着对他人的尊重和善意。日常点滴看似琐碎，却是构建和谐人际关系的基石。较之言语上的客套，礼仪更重在身体力行，将美德内化于心、外化于行。君子慎独慎微，时时以礼待人接物。这种由内而外的道德修养，有利于养成体贴他人、与人为善的品行。

崇尚礼仪的民族必将孕育出优良的道德风尚。礼仪不仅是个体自我约束、完善人格的途径，更是社会秩序赖以维系、百业兴旺的伦理基础。一个重礼守信、和谐友善的社会，必将激励人们见贤思齐，向往高尚，保持社会活力。因此，作为礼仪之邦，中华民族将讲究礼节和和谐相处视为道德建设的基石，并将其融入日常生活中，成为助推社会文明进步的内在动力。

### （二）以仁义为核心的伦理关系

仁义作为中华优秀传统文化的核心理念之一，深刻地影响着中国人的思想观念和行为准则。在古代社会，仁义不仅是衡量个人品行的重要标准，更是维系社会秩序、促进人际关系和谐的道德基础。

"仁者爱人"，仁就是要以博爱之心对待他人，推己及人，将心比心。这种"老吾老以及人之老，幼吾幼以及人之幼"的胸怀，体现了对他人的关爱和同情，是构建和谐人际关系的前提。而"义"则强调以正当合理的方式行事，遵循社会公德和道德规范。"见义勇为""舍生取义"等传统美德，都彰显了"义"在人们心目中的崇高地位。

在现实生活中，仁义的思想对塑造个人品德、规范社会行为发挥着重要作用。它教导人们要尊重他人，宽以待人；要诚实守信，廉洁自律；要勇于担当，见义勇为。这些优秀品质不仅能够提升个人的道德修养，更能够营造良好的社会风尚，促进人与人之间的互信与和谐。

在家庭伦理关系中，仁义的思想同样具有积极意义。"父慈子孝""兄友弟恭"等伦理准则，体现了家庭成员之间应秉持仁爱之心、恪守伦理道德。这不仅有助于增进家庭成员之间的感情，更能够促进家风的传承和发扬。

仁义思想在教育实践中也有着广泛应用。开展仁义教育，引导学生树立正确的价值观和道德观，培养其忠恕宽容、助人为乐的高尚品德，能够帮助学生形成健全的人格，成长为有责任心、有担当的社会栋梁。同时，学校开展志愿服务、社会实践等活动，也是践行仁义精神的重要途径。

## 二、中华优秀传统文化对诚信教育的影响

诚信教育在当代社会面临着前所未有的挑战。随着社会的快速发展和价值观念的多元化，传统的诚信观念受到了前所未有的冲击。作为社会的未来，学生的诚信观念直接关系到整个社会的诚信水平。因此，加强学生诚信教育，弘扬中华民族传统美德，已经成为当代教育的重要使命。

诚信教育要从娃娃抓起，应贯穿于学生成长的全过程。在家庭教育中，父母要以身作则，用自己的言行影响和塑造孩子的诚信意识。父母在日常生活中的一言一行，都会潜移默化地影响孩子的价值取向。因此，父母必须诚实守信，为孩子树立良好的行为榜样。同时，父母还要主动与孩子探讨诚信话题，引导

孩子认识诚信的重要性，帮助其形成正确的诚信观念。

学校是开展诚信教育的主阵地。教师不仅要向学生传授诚信知识，更要引导学生内化诚信品质。在教学过程中，教师要充分挖掘各学科蕴含的诚信教育元素，将诚信教育渗透到各个学科的教学中。例如，在语文教学中，教师可以选择诚信主题的文章作为教学素材，引导学生体会作者倡导诚信的深意；在历史教学中，教师可以讲述历史上因诚信而受到赞誉的人物事迹，激发学生诚信为人的决心和勇气。同时，学校还要以多种形式开展诚信教育实践活动，如诚信主题班会、诚信征文比赛、诚信演讲比赛等，让学生在活动中亲身体验诚信的意义和价值。

诚信教育还要注重实效性和针对性。随着信息技术的发展，网络已经成为学生获取信息、交流互动的重要平台。然而，网络也给诚信教育带来了新的挑战。网络信息的真实性难以辨别，网络交往的虚拟性容易导致诚信缺失。对此，学校要主动适应信息时代的特点，创新诚信教育方式方法。例如，学校可以开设网络诚信教育课程，帮助学生提高网络信息辨别能力，使其养成网络诚信交往的良好习惯。又如，学校可以邀请网络诚信专家开展讲座，剖析网络诚信失范的危害，引导学生自觉抵制网络谣言和不良信息。总之，学校要与时俱进，找准诚信教育的切入点和突破口，不断提升诚信教育的实效性和针对性。

## 三、中华优秀传统文化对仁爱精神的培养

仁爱教育是以培养学生仁爱品质为目标的教育理念与实践。在现代教育体系中，它强调通过教学活动帮助学生树立正确的价值观，培养其同理心、宽容心和爱心，进而促进学生的全面发展。仁爱教育不仅注重知识的传授，更注重学生品德的塑造，旨在培育具有仁爱之心的时代新人。

仁爱教育的核心在于引导学生从自我关怀走向他人关怀，从关注个人利益走向追求社会公益。这就要求教师在教学中渗透仁爱理念，以身作则，用爱心感化学生，用行动影响学生。教师要善于捕捉学生的闪光点，给予积极鼓励，帮助其建立自信；要耐心倾听学生的心声，尊重其独特个性，满足其情感需求；要关注学生的生活，体察其喜怒哀乐，给予适时关怀。通过潜移默化的影响，学生的仁爱意识和品质将得到培养和提升。

课程教学是推行仁爱教育的重要途径。教师要精心设计教学内容，将仁爱元素融入各学科教学之中。例如，在语文教学中，教师可以选择蕴含仁爱思想的文学作品，引导学生体会文中人物悲天悯人的情怀；在历史教学中，教师可

以介绍历史人物的博爱情操，激发学生的崇高精神追求；在音乐、美术教学中，教师可以引导学生欣赏蕴含仁爱理念的艺术作品，提高其审美情趣和人文素养。丰富多彩的教学活动，有助于学生将仁爱意识内化于心，外化于行。

校园文化建设是仁爱教育的重要载体。学校要营造充满仁爱气息的校园环境，让学生时时处处感受到仁爱的熏陶。一方面，学校要制定体现仁爱理念的校规校纪，如开展礼仪教育、倡导文明用语、鼓励互帮互助等，引导学生养成友善、礼貌的行为习惯；另一方面，学校要开展丰富多彩的仁爱主题活动，如组织志愿服务、慈善捐助、敬老助残等，为学生提供实践仁爱的平台。在富有仁爱气息的校园环境中，学生的仁爱情怀将得到滋养和升华。

社会实践活动是培养学生仁爱品质的有效方式。学校要充分利用社会资源，为学生搭建服务社会的平台。通过参与敬老院慰问、福利院帮扶、环境保护等实践活动，学生能够亲身体验助人为乐的快乐，感悟奉献爱心的意义，在服务他人的过程中提升自己的仁爱意识和实践能力。同时，社会实践活动还能拓宽学生视野，增强其社会责任感，促进其全面发展。

## 四、中华优秀传统文化对自律品质的塑造

自律是中华优秀传统文化中的一颗明珠，它蕴含着先贤圣哲的智慧结晶，为后人树立了宝贵的行为典范。纵观中国历史长河，涌现出无数自律践行者，他们用坚定的意志和高尚的品行谱写了一曲曲动人心弦的人生赞歌。这些闪光的名字至今仍然在世人心中熠熠生辉。他们身上展现出的自律精神，不仅是个人修养的体现，更是中华民族传统美德的缩影。

自律是一种高尚的品格，它要求个人能够自觉地、主动地约束自己的言行，克服外界的诱惑和内心的冲动，始终保持理性和清醒。自律的人能够制定明确的人生目标，并为之不懈努力；能够合理安排时间，提高学习和工作效率；能够控制自己的情绪，保持积极乐观的心态；能够抵制各种不良诱惑，恪守道德底线。总之，自律使个人的生活更加规律有序，使人格更加健全完善。

培养自律品质，需要个人付出持续不断的努力。首先，要树立正确的世界观、人生观和价值观，明确人生的奋斗目标，增强责任感和使命感。其次，要加强思想道德修养，提高辨别是非善恶的能力，坚定理想信念。再次，要养成良好的行为习惯，如制订学习和工作计划、合理安排时间、保持良好的生活作息等。另外，还要学会自我反省和自我完善，客观评价自己的言行，发现问题及时改正。

在现代教育中，自律品质的培养应该受到高度重视。学校要加强德育工作，引导学生树立正确的世界观、人生观和价值观。首先，教师要以身作则，严格要求自己，展现良好的道德风范，成为学生心目中值得信赖和仿效的楷模。其次，教师要创设有利于学生自律发展的教育情境，通过榜样示范、情景教学等方式，引导学生内化自律要求，提升自我管理、自我约束的能力。最后，学校要完善相关的制度建设，在日常管理中融入自律教育的理念，营造浓厚的自律文化氛围。如开展诚信教育、礼仪教育等主题活动，引导学生增强自律意识；制定合理的奖惩制度，强化行为自律；加强师德师风建设，为学生树立榜样。同时，家庭教育也不可或缺。父母要以身作则，树立自律的榜样；要加强与子女的沟通交流，及时发现并帮助孩子解决成长中遇到的困惑和问题。

高度的自律是一个人成熟和理性的重要标志，不仅有助于个人在学业和事业上取得更大的成就，也能促进人际关系的和谐，为社会的稳定和发展贡献力量。在现代生活中，自我管理和责任感的培养尤为重要。只有每个人都自觉遵守公共秩序、恪守职业道德、履行公民义务，社会才能更加文明有序，人们的生活才能更加美好幸福。

# 第三节　中华优秀传统文化对社会发展的促进

## 一、中华优秀传统文化对社会和谐的促进

中华优秀传统文化中蕴含的社会和谐理念对于现代教育具有重要的启示意义。一方面，传统文化倡导"以和为贵"的处世哲学，强调个人应当顺应自然、社会的运行规律，通过包容、互助、协作等方式化解矛盾，维护群体的和谐稳定。这一理念可以引导学生正确认识人与人、人与社会的关系，树立正确的价值观念，培养互帮互助、团结协作的品质。另一方面，中华优秀传统文化注重个人修养与社会责任的统一，认为个人的言行举止应当符合社会公德和道德规范。在教育实践中，教师可以通过讲解、示范等方式，帮助学生内化这些道德规范，提升其遵纪守法、诚实守信的意识，进而推动社会的和谐发展。

中华优秀传统文化还强调"以民为本"的治国理念，主张领导者应当关心民众疾苦，体恤民情民意，努力营造一个安定祥和的社会环境。这对于现代教育者而言具有重要的启迪意义。教师应当坚持以学生为本，充分尊重学生的个

性特点和差异，因材施教，使学生在原有基础上取得进步，获得全面发展。同时，教师还应关注学生的身心健康，帮助其消除学习、生活中的困惑，营造温馨、和谐的教学氛围。

中华优秀传统文化中所蕴含的乐观、智慧，也可以为现代教育提供可资借鉴的教学策略。比如，教师可以通过寓教于乐的方式，在教学中融入传统文化的艺术形式（如书法、国画、戏曲等），这不仅能够激发学生的学习兴趣，还能够陶冶其情操，培养其审美情趣。又如，教师可以引导学生学习和借鉴古人的处事智慧，培养冷静、理性、包容的思维品质，提高分析问题、解决问题的能力。

## 二、中华优秀传统文化对社会责任感的培养

### （一）社会责任感的文化根源

中华优秀传统文化中蕴含的社会责任感源远流长，深深根植于中华民族的精神血脉之中。从古至今，先贤先哲就高度重视个人对社会的责任和义务，将其视为人生的重要追求和价值体现。"修身、齐家、治国、平天下"的理想人格塑造，正是以强烈的社会责任感为基础的。个人只有通过不断的自我完善，才能承担起家庭和国家的重任，进而实现社会的大同。这种由己及人、由近及远的社会责任感，成为中华优秀传统文化的核心价值观之一。

在中华优秀传统文化的长期浸润下，社会责任感已经内化为中华民族的价值追求和行为准则。"先天下之忧而忧，后天下之乐而乐"的家国情怀，"苟利国家生死以，岂因祸福避趋之"的爱国精神，"先公后私"的无私奉献，以及"达则兼济天下"的济世情怀，无不彰显着中华民族高度的社会责任感。无论是寻常百姓还是社会精英，都以服务社会、奉献他人作为自己的人生理想和追求，在力所能及的范围内承担着相应的责任和义务。

中华优秀传统文化中的社会责任感还体现在对个人道德修养的要求上。"修身"强调个人品德的培养对于社会责任的承担至关重要。只有具备高尚的道德情操和品格，个人才能真正胜任社会赋予的责任和使命。因此，中华优秀传统文化十分注重对个人道德品质的锤炼和养成，将其视为社会责任感的重要基石。"君子慎独""见善如不及，见不善如探汤"等思想无不体现了对个人道德修养的极高要求。这些要求确保个人在面对诱惑和挑战时仍能坚守道德底线，履行

社会责任，为社会的发展贡献自己的力量。

中华优秀传统文化中的社会责任感还与"仁爱"精神紧密相连。"老吾老以及人之老，幼吾幼以及人之幼""己所不欲，勿施于人"等思想，都强调要以仁爱之心对待他人。只有怀着仁爱之心，个人才能真正设身处地地为他人着想，推己及人地承担起相应的社会责任。在这种仁爱精神的感召下，个人的社会责任感能够获得情感上的浸润和道德上的升华，成为发自内心的价值追求。

### （二）现代社会中的责任感培养

社会责任感的培养已经成为现代教育的重要议题。中华优秀传统文化中蕴含着强烈的社会责任意识，为现代教育提供了宝贵的思想资源。其中的仁爱、正义、诚信等价值理念，与社会责任感的内涵高度契合。将这些传统美德融入教育过程，有助于引导学生树立正确的世界观、人生观和价值观，激发其回馈社会、服务他人的责任意识。

在教学实践中，教师可以有意识地挖掘传统文化中的责任意识元素，将其转化为生动、鲜活的教学内容。比如，在语文教学中，教师可以选取体现社会责任意识的经典篇章进行深入解读，引导学生领悟其中的思想内涵。又如，在历史教学中，教师可以引导学生分析历史人物的社会责任感，探讨他们在维护社会公平正义、推动社会进步方面所作的贡献。通过这些教学活动，学生不仅能够加深对中华优秀传统文化的理解，更能内化社会责任意识，将其转化为自觉行动。

学校还应注重营造充满传统文化气息的校园环境，让学生在潜移默化中受到熏陶和感染。可以定期举办传统文化主题活动，如经典诵读、国学讲座、传统礼仪展示等，引导学生在参与实践中感悟传统美德的魅力。同时，还可以完善志愿服务、社会实践等机制，为学生提供运用所学回馈社会的平台，引导其在服务实践中履行社会责任。

## 三、中华优秀传统文化对社会创新精神的激发

### （一）创新精神的传统智慧

中华民族自古以来就崇尚创新，将创新视为国家富强、社会进步的重要源泉。中华优秀传统文化中蕴含着丰富的创新思想和创新精神，为后世创新实践

提供了宝贵的智慧启示。这些传统智慧不仅是中华民族的精神瑰宝，更是新时代教育改革和创新的重要资源。深入挖掘中华优秀传统文化中的创新理念，对于培养学生的创新意识和创新能力具有重要意义。

从古代科技发明的角度来看，中国在农业、手工业、建筑、医学等领域都取得了举世瞩目的成就。这些成就无不凝结着古人的创新智慧和实践探索。比如，春秋时期的鲁班发明了许多木工工具，极大地促进了建筑业的发展；东汉时期的张仲景著述的《伤寒杂病论》开创了中医临床辨证论治的先河；北宋时期的沈括编撰的《梦溪笔谈》记录了诸多力学、光学、水文学方面的发明创造。这些古代发明家敢于打破常规，勇于尝试，以实践探索推动科技进步，体现了强烈的创新意识和求索精神。他们的创新故事生动再现了中国传统文化中"苦心孤诣、发明创造"的可贵品质，对于激发学生创新灵感、树立创新自信有着重要的启示作用。

从哲学思辨的角度来看，中国传统哲学蕴含着丰富的辩证思维、整体观念和发展眼光，对创新思维的培养具有重要价值。例如，《周易》所倡导的变易思想，强调事物是运动变化、生生不息的。这种哲学洞见有利于学生突破思维定式，用发展变化的眼光认识事物。《道德经》所阐发的"反者道之动"理念，主张用反向思考的方式透视事物的本质。这种哲学智慧有助于学生摆脱思维惯性，从多元视角分析问题。《孟子》所倡导的知行合一观点，强调创新要落实于实践，在实践中去认识、去思考、去创造。这种哲学主张引导学生重视创新的实践性、应用性。这些传统哲学理念虽然带有一定的历史局限性，但其蕴含的创新思维方式却是亘古不变的，对于启迪学生的创新意识、培育创新人格具有重要作用。

从文学艺术创作的角度来看，中国古代文学家、艺术家们在继承传统的基础上，不断革故鼎新，突破樊篱，创造出许多千古传唱的经典作品。比如，唐代诗人杜甫打破了"文人画"的传统局限，以写实性和抒情性见长，开创了中国山水画的新境界；宋代词人苏轼突破了词的格律限制，以豪放不羁的个性开创了"豪放派"词风；元代散曲家马致远以通俗幽默的语言风格创作了许多脍炙人口的散曲小品，将元曲艺术推向了高峰。这些文学艺术大家以非凡的创造精神，不断突破前人、自我超越，以"出新意"作为艺术创作的最高追求，体现了浓厚的创新意识和昂扬的进取精神。他们对艺术创新孜孜以求、锲而不舍的人格魅力，对于培养学生的创造个性、陶冶其创新情操有着重要的激励作用。

中华优秀传统文化中的创新理念和创新实践，是中华民族生生不息、发展壮大的精神密码，是新时代推进教育改革创新的宝贵财富。将这些传统创新智慧纳入现代教育，对于厚植学生的创新土壤，提升其创新能力，增强其创新自信具有重要价值。教育工作者要立足传统，放眼当下，在传统与现代的融通中汲取创新的养分，为学生打开通往创新世界的大门。只有根植于中华优秀传统文化的沃土，创新教育才能焕发出勃勃生机，为实现中华民族伟大复兴的中国梦提供源源不断的创新力量。

### （二）提升现代教育创新能力的途径

随着社会的快速发展和科技的日新月异，创新已成为时代的主旋律。在当今知识经济时代，创新能力已经成为国家综合实力竞争的决定性因素。而教育作为国家发展的基石，对于提升国家创新能力、培养创新型人才具有不可替代的作用。在这一背景下，如何发掘中华优秀传统文化中蕴含的创新思想，并将其应用于现代教育实践，成为教育工作者面临的重要课题。

中华优秀传统文化博大精深，其中蕴含着丰富的哲学思想、人文精神和价值理念。这些思想和理念不仅对古代社会的发展产生了深远影响，对于当今时代的创新教育同样具有重要的启示意义。例如，"博学之，审问之，慎思之，明辨之，笃行之"体现了学习过程中须经过广泛思考、明晰判断的重要环节，对于启发学生的批判性思维、培养创新意识具有积极作用。又如，"兼爱非攻"的和平理念启示人们在创新教育中要注重引导学生树立正确的世界观、人生观和价值观，培养家国情怀和社会责任感。

将中华优秀传统文化中的创新思想应用于现代教育实践，需要教育工作者进行深入挖掘和创造性转化。这就要求教师不断提升传统文化素养，深刻领会其中蕴含的创新精神和价值内涵。同时，教师还应结合学科特点和学生实际，选择恰当的教学内容和形式，引导学生在学习传统文化的过程中启发创新思维、激发创新热情。例如，在语文教学中，教师可以选取《诗经》《楚辞》等优秀诗歌作品，引导学生欣赏其中所蕴含的想象力和创造性，启发学生进行创意写作；在历史教学中，教师可以讲述古代科技发明的故事，引导学生总结发明创造的规律，启发其进行小发明、小创造；在艺术教学中，教师可以借鉴传统艺术形式，引导学生创新艺术表现手法，培养其艺术创新能力。

在借鉴传统文化创新思想的同时，教师还应引导学生辩证地对待传统文化，取其精华、去其糟粕。教师应引导学生增强文化自觉、坚定文化自信，使其能在继承传统的基础上不断创新发展，而不是简单地照搬照抄、生搬硬套。此外，教师还应注重创新教育与德育教育的有机结合，引导学生树立正确的创新价值观，增强其社会责任感和道德约束力，使创新活动始终在道德和法律允许的范围内进行。

## 四、中华优秀传统文化对社会凝聚力的增强

### （一）团结互助的传统价值观

团结互助作为中华民族的传统美德，不仅是一种必备的个人品德修养，更是维系社会和谐稳定的重要纽带。历代领导者和思想家都高度重视团结互助的价值理念，将其作为治国理政的重要方略。

"一方有难，八方支援"是中华民族守望相助、同舟共济精神的生动写照。每当国家和民族面临重大灾难时，这种博大的胸怀和无私的奉献精神就会得到充分的彰显。无论是抗击自然灾害，还是共克时艰，团结互助的力量总能激发出民族的凝聚力和向心力。这种崇高的价值理念不仅体现了中华文化"以和为贵"的思想内核，也昭示着中国人民同呼吸、共命运的家国情怀。

在传统农耕社会，互助是人们应对生产生活困难的重要手段。通过"换工"等形式，农民在农忙季节相互支援，共同完成耕种、收获等农活。这种发源于黄土地的互助形式，不仅提高了农业生产效率，也在乡村社会营造了和谐友善的氛围。时至今日，这种互帮互助的美德依然深深镌刻在中华儿女的心中，成为中华民族宝贵的精神财富。

中华优秀传统文化中还有很多蕴含团结互助思想的名言警句，如"众人拾柴火焰高""一花独放不是春，百花齐放春满园"等。这些朴素的表达生动地诠释了团结就是力量的哲理。特别是到了近现代，面对帝国主义的侵略，实现民族独立和人民解放成为全体中国人的共同使命。正是凭借着万众一心、众志成城的团结精神，中国人民才得以创造出一个又一个气壮山河的历史伟业。

在当代社会，发扬中华优秀传统文化中的团结互助精神，对于增强社会凝聚力、推动经济社会发展仍然具有重要意义。党和国家高度重视加强社会主义精神文明建设，大力弘扬中华传统美德，而团结互助是其重要内容。通过开展形式多样的宣传教育，中华优秀传统文化中蕴藏的团结互助价值观正在潜移默化地影响着国人的思想观念和行为方式。

将传统文化中的团结互助理念注入现代教育之中，对于青少年价值观的塑

造意义重大。通过挖掘中华优秀传统文化的思想精华，创新教育教学内容和方式，能够帮助青少年树立正确的世界观、人生观和价值观，引导他们自觉践行团结互助的传统美德，培养爱国主义情怀和集体主义精神。只有用中华民族传统美德的养分滋养青少年的心灵，才能培育出具有高尚品格、可担当民族复兴大任的时代新人。

### （二）共同体意识的文化塑造

中华优秀传统文化中蕴含的共同体意识，对于增强社会凝聚力、加强社会主义精神文明建设具有重要意义。历史上，中华民族之所以能够在漫长岁月中生生不息、薪火相传，一个重要原因就在于形成了强大的民族共同体意识。这种意识不仅体现为对共同语言文字、风俗习惯的认同，更内化为价值观念、道德情操的契合。譬如，"天下兴亡，匹夫有责"的忧患意识，"先天下之忧而忧，后天下之乐而乐"的担当精神，无不彰显着个人对国家、民族命运的深切关怀。

然而，在现代社会转型过程中，传统的共同体意识却面临严峻的挑战。一方面，工业化、城镇化进程导致人口流动日益频繁，地域认同、乡土情结渐趋淡漠。另一方面，部分地区个人主义盛行，致使有些人更加关注个体利益，公共意识和集体观念日渐式微。因此，激活中华优秀传统文化中的共同体意识，对于凝聚社会共识、培育时代新人具有特殊意义。

这就要求在文化传承和教育实践中，充分挖掘和弘扬中华优秀传统文化中体现共同体意识的思想资源。比如，在家庭教育中，要引导孩子学习《弟子规》《朱子家训》等经典著作，让尊老爱幼、和睦相处的家国情怀融入血脉。在学校教育中，要开展形式多样的传统节日活动、经典诵读比赛，引导学生在潜移默化中感悟中华民族的同根同源、休戚与共。在日常生活中，要倡导见义勇为、诚实守信、助人为乐等传统美德，增强广大民众的社会责任感。

同时，根据时代特点和社会需求，不断赋予传统共同体意识以新的内涵。在全球化背景下，要培育兼收并蓄、和合共生的天下情怀，以开放包容的心态看待不同国家、民族的文化差异，推动人类命运共同体建设。面对现代社会的多元化趋势，要倡导不同群体之间的互信、互助、互爱，在多样性中寻求共识，在差异中求同存异；同时针对互联网时代信息传播的新特点，运用新媒体、新技术广泛宣传中华优秀传统文化，在网络空间中营造团结友爱、向上向善的浓厚氛围。

### （三）凝聚力的培养策略

中华优秀传统文化蕴含着丰富的思想智慧和道德力量，对于增强社会凝聚力、培养民族精神具有重要意义。在漫长的历史发展进程中，先人创造了诸多体现集体主义价值观的文化形态，如"天下为公"的政治理想、"修身、齐家、治国、平天下"的人生追求等。这些文化形态折射出中华民族重视集体利益、强调个人奉献的价值取向，对于维系社会稳定、促进民族团结起到了不可替代的作用。

在当代社会，发扬中华优秀传统文化中的集体主义精神，对于应对社会转型带来的价值观念多元化、利益诉求多样化的挑战具有重要意义。通过在教育中融入传统文化基因，引导学生树立正确的集体观念、增强社会责任感，能够帮助其摆脱个人主义、享乐主义的影响，自觉将个人理想追求与国家前途、民族复兴相结合。同时，中华优秀传统文化中蕴含的"互助友爱""以和为贵"等理念，也有助于化解人际矛盾、增进社会和谐，为学生适应未来社会生活奠定良好的文化基础。

具体来看，在教育实践中培养学生的集体主义精神，可以从以下几个方面着手：

其一，挖掘传统文化中的团结互助思想，引导学生树立正确的世界观、人生观和价值观。比如，在语文课程中选取体现同舟共济、患难与共精神的经典篇章进行讲解，帮助学生领悟"集体利益高于个人利益"的道理；又如，在历史课程中介绍古代社会"以和为贵"的处世哲学，引导学生学会包容差异、化解矛盾，增强集体归属感和认同感。通过将这些文化元素融入课堂教学，学生能够在潜移默化中内化集体主义价值理念，为健康成长奠定坚实的文化基础。

其二，发掘优秀传统文化中的爱国情怀，激发学生的家国情感和社会担当。爱国主义是中华民族的优良传统，是凝聚民族力量、推动社会进步的强大精神动力。教育工作者应充分利用传统节日、重大历史事件纪念日等，组织开展弘扬爱国主义精神的主题活动。比如，在端午节期间，学校可以举办"端午诗会"等传统文化活动，引导学生感悟屈原"举世皆浊我独清，众人皆醉我独醒"的爱国情操；在抗战胜利纪念日，学校可以开展国防教育，引导学生缅怀革命先烈、珍惜和平生活，激发其报效祖国的决心和勇气。通过创设丰富多彩的校园文化生活，学生能够在情感体验中升华爱国情怀，强化民族认同，自觉将个人理想与国家前途紧密相连。

其三，培养学生的责任意识和奉献精神，引导其自觉履行社会义务。在中华优秀传统文化中，"修身、齐家、治国、平天下"的思想反映了个人与集体、个体与社会的辩证统一关系。教育工作者应引导学生正确认识个人与他人、个体与集体的关系，树立"我为人人，人人为我"的意识，自觉承担起相应的社会责任。学校可以为学生提供更多服务社会的机会，如组织参与志愿服务、帮扶困难群众等活动，引导学生在奉献中感悟"施比受更有福"的人生真谛。通过亲身参与社会实践，学生能够强化集体意识、磨炼意志品质，成长为具有社会责任感的时代新人。

# 第三章 中华优秀传统文化在现代教育中的实践

## 第一节 中华优秀传统文化课程的设置与实施

### 一、课程目标与内容设计

#### （一）确立课程目标

确立中华优秀传统文化课程的目标，是课程设置与实施的基础和前提。这一目标应着眼于培养学生了解和传承中华优秀传统文化的能力，帮助其建立民族自豪感和文化自信心。具体而言，中华优秀传统文化课程应实现以下几个方面的目标。

首先，课程应该系统地向学生传授中华优秀传统文化的基本知识。通过课堂讲授、案例分析、实地考察等多种教学形式，帮助学生了解中华优秀传统文化的发展脉络、思想精华、艺术瑰宝，认识中华优秀传统文化在世界文明史上的重要地位和独特贡献。只有建立起扎实的知识基础，学生才能真正领会传统文化的深刻内涵，为文化传承奠定坚实的基础。

其次，课程应该注重培养学生运用中华优秀传统文化分析问题、解决问题的能力。中华优秀传统文化绝非抽象的符号体系，而是一种智慧的结晶、行动的指南。课程设计要引导学生将所学知识内化为一种文化思维方式，运用传统智慧分析现实问题，解决现实矛盾。唯有学以致用，方能彰显中华优秀传统文化的时代价值，激发学生学习和传承的动力。

再次，课程应该重视对学生人文素养和价值观念的塑造。中华优秀传统文化蕴含着丰富的人文精神和道德理念，如仁爱、正义、诚信、责任等，是涵育高尚人格、陶冶道德情操的宝贵资源。课程目标的设定要充分挖掘其中的思想营养，引导学生在中华传统美德的滋养下健康成长，成为有大我精神、敢于担当的时代新人。

另外，课程还应注重培养学生的文化表现力和传播能力。在全球化时代，文化软实力日益成为国家竞争力的关键要素。课程设计要为学生搭建展示和交流的平台，提供亲身参与、动手实践的机会，提升其利用多种形式展示、传播中华优秀传统文化的能力。只有学生成为文化的自觉传播者，中华优秀传统文化才能在世界的舞台上绽放异彩。

## （二）内容体系构建

提炼中华优秀传统文化精髓，设计具有代表性的教学内容是构建中华优秀传统文化课程体系的关键环节。中华优秀传统文化博大精深，内容极其丰富，涵盖了文学、历史、哲学、艺术等诸多领域。面对如此庞杂的文化体系，教师必须具备深厚的文化素养和敏锐的教学洞察力，从浩如烟海的文化瑰宝中梳理出最具代表性、最能体现民族智慧结晶的核心内容。这就要求教师在深入研读经典著作、体悟文化内涵的基础上，遵循教育教学规律，结合学生认知特点，精心设计教学内容。

具体而言，教学内容的设计应把握以下几点。

### 1. 突出中华优秀传统文化的核心价值理念

中华优秀传统文化蕴含着丰富的人文精神和道德理念，如"和而不同"的处世哲学、"修身、齐家、治国、平天下"的政治抱负等。这些思想精华不仅构成了中华民族的精神内核，也为人类文明进步提供了智慧启迪。因此，在教学内容的设计中，要突出这些核心价值理念，引导学生领悟其深刻内涵，并将其内化于心、外化于行。

### 2. 体现中华优秀传统文化的时代价值

中华优秀传统文化具有永恒的魅力和当代价值，很多思想在现代社会依然熠熠生辉。比如，"仁爱"思想可以化解现代社会的人际冷漠，"慎独"理念可以加强廉洁自律教育，"诚信"观念对构建社会信用体系具有重要启示。教师要善于发掘传统文化的时代价值，将其与现实社会发展紧密结合，突显其实践指导意义，从而提升教学内容的针对性和感染力。

### 3. 彰显中华优秀传统文化的民族特色

中华优秀传统文化独树一帜，具有鲜明的民族特色。诸如汉字、诗词、戏曲、书法、国画等，都是民族文化的瑰丽符号。在教学内容选择上，应充分展现这些富有民族特色的文化样式，如讲解汉字的起源和演变、欣赏诗词歌赋的意境美、体验戏曲的魅力、领略书画的笔墨情趣等，使学生感受到中华优秀传统文化的独特魅力，增强文化认同感和民族自豪感。

### 4. 兼顾文化内容的系统性和代表性

中华优秀传统文化内容极其丰富，但教学时间相对有限。因此，教学内容设计既要体现一定的系统性，又要突出代表性。比如，在语文教学中，教师可以选取诗、词、曲、赋等各具特色的代表作品，向学生讲述文学发展脉络；在历史教学中，教师可以选择若干重要朝代，分析其兴衰成败的原因，引导学生探寻历史发展规律。梳理纷繁内容间的逻辑关联，可使教学内容形成有机的整体。

### （三）融入现代教学理念

融入现代教学理念是使传统文化教育焕发新生的重要途径。在新时代背景下，传统文化教育面临着前所未有的机遇和挑战。一方面，社会各界对中华优秀传统文化的认同感和自豪感日益增强，传统文化教育迎来了难得的发展机遇；另一方面，随着社会的快速发展和时代的不断变迁，传统的教学模式和方法已难以适应新时代学生的学习需求，亟须进行创新和变革。

将现代教学理念引入传统文化教育，是顺应时代发展潮流、提升教学质量和效果的必然选择。现代教学理念强调以学生为中心，注重培养学生的自主学习能力和创新精神。在传统文化教学中，教师应转变角色定位，由知识的传授者转变为学习的引导者和促进者，激发学生主动探究传统文化的兴趣，引导其在体验和实践中感悟中华优秀传统文化的魅力。例如，在教授传统诗词时，教师可以组织学生开展吟诵、创作等活动，让学生在亲身实践中领略传统诗词的韵律之美、意境之美。

此外，现代教学理念还强调教学内容的生活化和实践性。传统文化博大精深，但对于新时代学生而言，其中的某些内容可能较为晦涩难懂。因此，教师应努力挖掘中华优秀传统文化的现代价值，将其与学生的生活实际相联系，增强传统文化教学内容的时代感和吸引力。例如，在讲授传统美德时，教师可引导学生思考如何将其应用于现实生活，如何处理同学关系、家庭关系等，使学生感受到中华优秀传统文化的现实意义。

## 二、教学方法与策略选择

### （一）选择合适的教学方法

在中华优秀传统文化课程的教学过程中，选择合适的教学方法是至关重要的。教学方法的选择应当符合课程目标、教学内容、学生特点等因素，力求实现教学效果的最优化。讲授法、讨论法、案例分析法等都是中华优秀传统文化课程常用的教学方法，各有其独特的优势和适用范围。

#### 1. 讲授法

讲授法是中华优秀传统文化课程教学中最基本、最常用的方法之一。通过教师的口述讲解，学生可以系统地掌握中华优秀传统文化知识体系，了解其基本内涵、发展脉络和主要成就。然而，单纯的讲授容易使课堂气氛沉闷，学生缺乏参与感和互动性。因此，在运用讲授法时，教师应注重调动学生的学习兴趣，采用生动形象的语言，运用恰当的案例或故事，激发学生的求知欲望。同时，还要控制讲授的时间和节奏，给学生留出思考和消化的空间。

#### 2. 讨论法

讨论法是一种互动性较强的教学方法，它强调师生之间、生生之间的平等交流与合作探究。在中华优秀传统文化课程教学中，教师可以设置一些开放性的问题，引导学生展开讨论，鼓励他们发表自己的看法和见解。在讨论过程中，学生不仅能够加深对中华优秀传统文化知识的理解，还能提升语言表达、逻辑思辨、团队协作等关键能力。不过，讨论法对教师的组织和引导能力要求较高，需要把控讨论的方向和深度，避免讨论变得发散化或肤浅化。

#### 3. 案例分析法

案例分析法是将理论知识与具体案例相结合的教学方法。在中华优秀传统文化课程中，教师可以选取一些典型案例，如历史人物、文学作品、民俗活动等，引导学生运用所学知识分析案例，探究其文化内涵和时代意义。案例分析不仅能够加深学生对理论知识的理解，还能培养其分析问题、解决问题的实践能力。同时，生动有趣的案例还能激发学生的学习兴趣，调动其探究的主动性。

当然，案例的选择要恰当，难度要适中，既要体现传统文化的代表性，又要符合学生的认知水平。

### （二）创新教学策略

创新教学策略是提升现代教育质量的重要途径。在中华优秀传统文化课程教学中，采用项目化学习、翻转课堂等现代教学策略，能够有效激发学生的学习兴趣，培养其文化自觉和文化自信。这不仅有助于加深学生对中华优秀传统文化知识的理解和内化，更能促进其综合素质和创新能力的提升。

1. 项目化学习

项目化学习强调以学生为中心，通过设计贴近学生生活实际、富有挑战性的学习项目，引导学生主动探究、动手实践，在完成项目任务的过程中构建知识、提升能力。在中华优秀传统文化课程中，教师可以精心设计与传统文化相关的项目任务，如组织学生开展传统文化体验活动、编排传统文化特色节目、创作传统文化主题作品等。通过这些项目活动，学生能够亲身参与传统文化实践，在情境中感悟中华优秀传统文化的独特魅力，进而产生浓厚的学习兴趣和情感共鸣。同时，项目化学习还能够促进学生合作探究、交流分享的能力，培养其团队意识和沟通表达能力。

2. 翻转课堂

翻转课堂是一种颠覆传统教学模式的创新策略。与传统"教师讲授、学生听讲"的课堂不同，翻转课堂要求学生在课前通过教师提供的视频、文献等学习资源自主学习，在课堂上则围绕重点、难点问题开展探究式学习。这种教学模式能够充分调动学生学习的主动性，培养其自主学习和独立思考的能力。在中华优秀传统文化课程教学中，教师可以利用信息技术手段，开发制作传统文化微课、动画、虚拟现实等数字化学习资源，供学生课前自主学习。在课堂教学中，教师可以组织学生围绕中华优秀传统文化中蕴含的人文精神、道德理念等开展研讨和辩论，引导学生深入思考中华优秀传统文化的当代价值，提炼对现实生活的启示。

3. 融合现代信息技术

创新教学策略的实施还应注重与现代信息技术的深度融合。教师可以充分利用慕课、虚拟现实、人工智能等先进技术手段，为学生提供身临其境的文化体验，增强中华优秀传统文化学习的吸引力和感染力。同时，要加强线上线下教学的有机结合，通过构建网络学习共同体，开展跨区域、跨学校的交流互动，拓宽学生的文化视野。

## （三）提升学生参与度

激发学生的学习兴趣，提升课堂互动和学习体验，是中华优秀传统文化课程实施过程中不可或缺的关键环节。中华优秀传统文化蕴含着丰富的智慧和精深的哲理，但对于当代学生而言，这些内容可能显得过于抽象和晦涩。因此，教师需要采取多种策略，设计生动有趣、贴近生活的教学活动，引导学生主动参与、积极思考，从而真正领悟中华优秀传统文化的精髓。

在教学过程中，教师可以充分利用多媒体技术，通过图文并茂的课件、视听资料等直观、形象的方式呈现中华优秀传统文化内容，吸引学生的注意力。例如，在讲授中国传统节日时，教师可以播放相关的纪录片或影视作品片段，让学生身临其境地感受中国传统节日的独特魅力；在介绍传统美术时，教师可以展示国画、书法、剪纸等艺术作品的高清图片，引导学生欣赏传统艺术的精湛技艺和审美价值。这些生动形象的呈现方式，不仅能够激发学生的学习兴趣，还能帮助他们建立起对中华优秀传统文化的直观认识。

教师应注重创设与中华优秀传统文化相关的情境，鼓励学生亲身体验、动手实践。例如，在学习传统手工艺时，教师可以带领学生制作风筝、剪纸、刺绣等，让他们在动手操作的过程中感悟传统技艺的独特魅力；在学习传统礼仪时，教师可以组织学生开展角色扮演，模拟传统礼仪场景，让他们在亲身体验中领会礼仪背后的文化内涵。这些参与式、体验式的学习活动，不仅能够提高学生的参与度和互动性，还能帮助他们将中华优秀传统文化内化为自身的行为习惯和价值观念。

教师应善于利用多种形式的课堂互动，增进师生、生生之间的交流与碰撞。例如，教师可以提出与中华优秀传统文化相关的开放性问题，引导学生自由讨论、发表见解；可以组织学生开展辩论或小组合作探究，鼓励他们从不同角度分析传统文化现象，培养学生的批判性思维和合作精神。这些课堂互动不仅能够活跃课堂气氛，调动学生学习的积极性，还能促进学生在交流和碰撞中深化对中华优秀传统文化的理解，提升其文化鉴赏力和传承创新意识。

## 三、教学资源的开发与利用

### （一）开发多元化教学资源

开发多元化教学资源是提升中华优秀传统文化课程教学质量的重要举措。随着信息技术的迅猛发展和教育理念的不断更新，传统的教学资源已难以满足新时代学生的学习需求。因此，整合线上线下教学资源，创新教学资源开发模式，已成为传统文化教育工作者的共识和努力方向。

1. 整合线上线下教学资源

整合线上线下教学资源有助于拓宽学生的学习渠道，丰富课堂教学内容。线上教学资源（如数字博物馆、虚拟现实等）能够为学生提供沉浸式、互动性强的学习体验，使其身临其境地感受中华优秀传统文化的魅力。而线下教学资源（如文物实物、非遗传承人等）则能让学生直观地接触中华优秀传统文化，加深对理论知识的理解和认知。教师应积极利用这两类教学资源，将其恰当地融入课堂教学，为学生营造立体化、多维度的学习情境，提升其学习兴趣和文化自信。

2. 创新教学资源开发模式

传统的教学资源开发往往以教师为主体，忽视了学生的参与和反馈。为了突破这一局限，教师应转变教学理念，充分发挥学生的主观能动性，鼓励其参与教学资源开发的全过程。例如，教师可以引导学生自主搜集、整理与课程主题相关的文献资料，开展口述历史调查，创作传统文化主题的艺术作品等。在此过程中，学生不仅能够深化对知识的理解和运用，还能锻炼自主学习、团队协作等关键能力，真正成为学习的主人。

3. 加强校际合作与社会协同

高校可以联合博物馆、图书馆、非遗保护中心等机构，整合优质教学资源，开发系统化、专题化的资源包。通过跨界合作，高校不仅能拓宽资源获取渠道，提升资源质量，还能为学生提供感受传统文化、践行文化传承的实践平台。同时，校际交流互鉴也有助于推动教学资源的共建共享，促进优质资源的集聚与辐射，惠及更多学生。

## （二）利用现代媒介传播资源

利用现代媒介传播资源对于中华优秀传统文化的普及和推广具有重要意义。在信息技术高度发达的今天，影视和互联网平台已经成为人们接收信息和知识的主要渠道。将中华优秀传统文化融入现代媒介，不仅能够拓宽传统文化的传播路径，还能吸引更多受众（尤其是青少年群体）主动了解和学习中华优秀传统文化的精髓。

影视作品以其直观、生动的特点，将中华优秀传统文化中蕴含的价值观念、审美情趣以及人文精神等内容形象地呈现在观众面前。一部优秀的历史剧或文化纪录片，不仅能够再现历史场景，展现中华优秀传统文化的魅力，更能引发观众对中华优秀传统文化的兴趣和思考。例如，近年来热播的《国家宝藏》系列节目，通过精美的影像和专家的深入解读，将国之瑰宝背后的历史故事和文化内涵生动地呈现给大众，引发了广泛的社会关注和讨论，提升了国民的文化自信和民族自豪感。这充分说明影视作品在传承和弘扬中华优秀传统文化方面具有独特优势。

互联网平台则以其便捷、互动的特点，为中华优秀传统文化的传播提供了更为广阔的空间。通过网络课程、在线展览、虚拟博物馆等形式，中华优秀传统文化的内容能够突破时空限制，触达更多受众。互联网还为传统文化爱好者提供了交流互动的平台，他们可以在网上分享学习心得，交流研究成果，形成线上学习共同体，推动中华优秀传统文化的创新发展。值得一提的是，许多互联网平台还积极开发与中华优秀传统文化相关的数字产品，如文化类 App、传统手工艺品的电商平台等，既丰富了网民的精神文化生活，又为传统文化产业的发展提供了新的机遇。

在利用现代媒介传播中华优秀传统文化的过程中，还需要注意几点：一是要重视内容，确保传播内容的真实性、准确性和规范性，忠实于中华优秀传统文化的本来面目；二是要因地制宜、因时制宜，根据不同媒介的特点和受众群体的需求，采取恰当的传播策略和方式；三是要加强中华优秀传统文化的现代诠释和创新表达，赋予其新的时代内涵，提升中华优秀传统文化的吸引力和感染力；四是要重视知识产权保护，规范中华优秀传统文化资源的开发利用，维护国家文化安全。

### （三）跨学科资源整合使用

教育内容并非一成不变，不应固守单一学科的樊篱，而应顺应时代的发展，积极吸纳新的知识元素，构建更加开放、多元的教学体系。在跨学科教学中，教师应突破传统的学科边界，将不同学科领域的知识资源进行整合，创设更加丰富多彩的教学场景，为学生提供全方位的学习体验。

例如，语文教学可以与历史相结合，引导学生在文学作品中感悟特定历史时期的社会风貌和人文精神；数学教学可以与艺术相融合，引导学生在几何图形和抽象符号中感受美的形式和艺术的魅力；体育教学可以与音乐相联系，引导学生在韵律运动中体验音乐的节奏和律动。这些跨学科的教学尝试，不仅能够拓宽学生的知识视野，激发其学习兴趣，更能培养学生灵活运用知识、解决实际问题的能力。

跨学科教学资源的整合，不应局限于不同学科知识的简单堆砌，更重要的是挖掘不同学科之间的内在联系，实现知识的有机融合。教师应深入研究不同学科的课程标准和教材体系，寻找其中的共通点和结合点，设计出科学合理的教学流程。同时，教师还应转变传统的教学理念，打破学科壁垒，树立"大教育"理念，以开放、包容的态度对待不同学科的知识体系。只有教师率先垂范，才能引导学生突破思维定式，形成全面、系统的认知方式。

教师还应积极利用现代信息技术，拓展跨学科教学资源的获取渠道。在互联网时代，海量的教育资源唾手可得，教师应学会甄别和筛选，将优质的跨学科教学资源引入课堂。例如，教师可以利用网络平台，与其他学科的教师开展协作，共同开发跨学科的教学项目；又如，教师可以引导学生利用网络搜索引擎，查阅不同学科领域的文献资料，拓宽知识面和研究视角。信息技术与跨学科教学的深度融合，将极大地丰富课堂教学形式，提升教学效果。

## 四、课程评价与反馈机制

### （一）构建多维度评价体系

构建多维度评价体系是中华优秀传统文化课程实施的重要保障。传统的评价方式往往注重学生对知识点的掌握程度，难以全面评估其文化修养和价值塑造。为了突破这一局限，教师应积极探索过程性评价与终结性评价相结合的评价模式，全面考查学生的知识、能力、情感态度与价值观。

在知识维度，评价应关注学生对中华优秀传统文化核心内容的理解和内化。教师可以通过课堂提问、讨论、读书笔记等形式，考查学生在古代文化典籍、历史事件、思想观念等方面的认知水平。同时，评价还应注重学生对传统文化在当代社会价值的思考，引导其将传统智慧与现实问题相结合，提出自己的见解。

在能力维度，评价应聚焦学生运用传统文化知识分析问题、解决问题的能力。教师可以设计一些开放性的任务，如辩论、演讲、项目研究等，鼓励学生运用所学知识阐释文化现象，提出对策建议。这不仅能够提升学生的逻辑思辨能力，更能培养其文化创新意识和实践能力。

在情感态度与价值观维度，评价应关注学生对中华优秀传统文化的认同和践行。教师可以通过对学生日常行为的观察、师生谈话等方式，了解其价值取向和道德品质。同时，评价还应重视学生在社会实践中的文化传承，如参与传统节日活动、非遗项目保护等，考查其文化自觉性和家国情怀。

## （二）实施动态反馈机制

在实施动态反馈机制的过程中，教师应注重对课程进行持续性的调整和优化。这种调整不仅包括对教学内容、教学方法的优化，更要注重对教学理念和教学目标的反思。具体而言，教师可以通过多种途径收集学生的反馈信息，如课堂观察、问卷调查、访谈等，及时了解学生的学习状况和需求。同时，教师还应与其他教师交流经验，共同探讨如何提升课程质量。

基于这些反馈信息，教师应该及时调整教学计划和教学策略。例如，当发现学生对某个知识点理解困难时，教师可以采用更加直观、生动的方式进行讲解，或者设计一些探究性的学习任务，引导学生主动思考和实践。再如，当学生反映课程内容过于枯燥时，教师可以适当增加一些案例分析或者专题讨论，激发学生的学习兴趣。

值得注意的是，课程的调整和优化不能随意而为，而应该遵循教育教学规律，体现课程的内在逻辑。教师在进行调整时，要充分考虑学生的认知特点和发展需求，确保调整后的课程更加符合学生的实际情况。同时，教师还应注重课程调整的系统性和连贯性，避免出现教学内容零散、教学活动割裂的现象。

# 第二节 中华优秀传统文化教育的师资培养

## 一、中华优秀传统文化教育师资队伍的特点

### （一）专业背景的多样性

物理、心理、社会、教育等学科的交叉融合，为现代中华优秀传统文化教育师资培养提供了多元化的视角和路径。教师作为中华优秀传统文化教育的重要传播者，需要具备扎实的语言文字功底、深厚的历史人文素养、缜密的哲学思辨能力及创新的教学方法。这就要求师资培养过程必须打破学科壁垒，实现多学科的有机整合。

语言学、文学等学科为教师解读经典文献、把握文化精髓奠定了基础。历史学则帮助教师厘清中华优秀传统文化的发展脉络，把握不同时期文化的特点。哲学的思辨训练，能够提升教师对文化内涵的领悟力和阐释力。而心理学、教育学等学科，则为教师设计教学活动、开展师生互动提供了专业指导。唯有多学科知识的交融与渗透，才能使中华优秀传统文化教育师资的培养更加全面和立体。

### （二）教学方法的创新性

教学方法的创新性是中华优秀传统文化教育师资队伍应当具备的重要素质。在现代教育理念的指引下，传统的灌输式、填鸭式教学已然不合时宜。互动式和体验式教学模式则更能激发学生的学习兴趣，调动其主动性和参与性，提升教学效果。

互动式教学强调师生之间、生生之间的交流与互动，营造民主、平等、开放的课堂氛围。在中华优秀传统文化教学中，教师可以运用多样化的互动方式，如课堂提问、小组讨论、角色扮演等，引导学生积极思考、表达观点、碰撞思想。例如，在学习《论语》时，教师可以设置开放性问题，鼓励学生畅所欲言，分享对孔子思想的理解和感悟。在探讨传统美德时，教师可以组织学生进行辩论，就如何在现代社会弘扬传统美德展开讨论。这些互动不仅能够活跃课堂气氛，更能够深化学生对传统文化内涵的理解，锻炼其批判性思维和语言表达能力。

体验式教学注重创设情境，让学生在具体情境中感受中华优秀传统文化的魅力，获得直观、生动的学习体验。例如，在学习传统节日时，教师可以带领学生动手制作节日装饰品，体验传统习俗，感受节日氛围；在学习传统手工艺时，教师可以邀请非遗传承人现场展示技艺，引导学生动手实践，感受传统技艺的精湛与独特。通过身临其境的体验，学生能够更加深刻地领会中华优秀传统文化的内在精神和外在形式，激发其传承和创新的热情。

### （三）文化自信与责任感的培养

培养教师的文化自信与责任感是中华优秀传统文化教育师资队伍建设的重要内容。文化自信是指对本民族文化价值的充分肯定和积极践行，是文化素养和文化认同的集中体现。作为中华优秀传统文化教育的直接实施者，教师的文化自信水平直接影响着教学质量和学生的文化认同。因此，在师资培养过程中，必须注重提升教师对中华优秀传统文化的认知水平，加深其对中华优秀传统文化精髓的理解和领悟，增强文化自觉和文化自信。这就需要从思想引领、知识学习、实践锻炼等多维度系统化地开展。

教师的责任感也是保证中华优秀传统文化教育成效的关键。责任感体现为教师对于文化传承使命的认同、教书育人工作的投入以及为学生健康成长负责的态度。拥有高度责任感的教师，能够以饱满的热情投身教学，用心钻研中华优秀传统文化，不断创新教学方法，激发学生兴趣，引导其树立正确的价值观。这种积极的教学状态必将潜移默化地影响学生，促进知行合一，达到育人目的。因此，在师资培养中，应重视教师职业理想和职业道德教育，引导其正确认识岗位职责，强化责任担当。

培养师资的文化自信与责任感是一个长期而系统的过程。首先，教师自身要加强文化修养，通过研读经典、参加培训等方式，不断夯实传统文化功底。其次，学校要为教师搭建学习交流平台，定期开展经验分享、教学研讨等活动，促进思想碰撞。再次，教育主管部门应完善教师考核评价体系，将文化素养和师德表现纳入评价指标，引导教师主动加强自身建设。最后，整个社会都应该重视和支持传统文化教育，营造有利于优秀文化传承的浓厚氛围。

### （四）连续性与发展性

构建一支高素质的中华优秀传统文化教育师资队伍，离不开长期培养和专业成长路径的规划。在连续性方面，师资培养应着眼长远，制订阶段性目标和培养计划。从教师入职起，学校可以为其量身定制个性化的职业发展方案，明确不同阶段应达到的专业水平和能力要求。同时，学校应提供持续、系统的培训，定期开展教学研讨、经验分享等活动，帮助教师不断更新知识结构，提升教学技能。

在专业成长路径方面，学校应为教师搭建多元化的发展平台。一方面，鼓励教师在本职工作中锤炼教学能力，在实践中探索、创新，形成自己的教学风格和特色。另一方面，为教师提供进修深造、参与课题研究、发表学术论文等机会，帮助其拓宽学术视野，提升科研能力。对于表现优秀的教师，学校还可以为其创造挂职锻炼、访学交流的机会，让其接触不同的教育环境和理念，开阔眼界。

建立科学合理的教师评价和激励机制，对于促进教师专业成长也至关重要。评价机制应全面考察教师的教学效果、科研成果、社会服务等各方面表现，既要重视结果性评价，也要注重过程性评价。同时，将评价结果与教师的职称晋升、绩效考核、薪酬分配等挂钩，形成良性激励，调动教师的积极性和创造性。

专业成长路径的设计还应关注教师个体的差异性和特点。学校要尊重每名教师的专业背景、兴趣爱好、职业规划等，为其提供个性化、多样化的发展路径。对于青年教师，应着重培养其教学基本功和课堂驾驭能力；对于骨干教师，要为其搭建施展才华、发挥引领作用的平台；对于资深教师，应发挥其在教学科研、师德师风等方面的示范引领作用。

## 三、中华优秀传统文化教育师资培训的内容与方法

### （一）培训内容

中华优秀传统文化教育师资的培训内容应聚焦于强化对中华经典文献的教学能力和实践应用能力。作为传承和弘扬中华优秀传统文化的关键力量，教师不仅需要具备深厚的文化功底和渊博的知识储备，更需要掌握科学有效的教学方法，将抽象深奥的文化精髓转化为学生易于接受和理解的教学内容。

在教学能力方面，培训应着重提升教师对中华经典文献的解读和阐释水平。许多经典著作蕴含着丰富的哲学思想、道德伦理、历史知识等，教师需要反复研读和深入思考，准确把握其中的精髓要义，挖掘其中的智慧价值。同时，教

师还需要掌握多样化的教学策略和技能，根据不同年龄阶段学生的认知特点，开展生动有趣、通俗易懂的教学活动，调动学生的学习兴趣和积极性。例如，教师可以采用讲故事、角色扮演、情境教学等方式，将枯燥难懂的文言文转化为学生容易接受的形式，引导学生在轻松愉悦的氛围中感悟传统文化的魅力。

在实践应用能力方面，培训应引导教师将中华优秀传统文化融入学生的日常生活和社会实践中。优秀传统文化不应仅仅停留在课堂教学和书本知识层面，更需要学生在现实生活中去感悟、去践行。因此，教师应具备组织和指导学生开展传统文化实践活动的能力，通过亲身体验帮助学生加深对传统文化内涵的理解。例如，教师可以带领学生参观历史文化遗迹、体验传统手工艺制作、参与传统节日庆典等，在实践中感受中华优秀传统文化的独特魅力。同时，教师还应引导学生将中华优秀传统文化中的价值观念内化为自身的行为准则，在日常生活中践行"忠、孝、仁、义、礼、智、信"等传统美德，成为弘扬中华优秀传统文化的践行者和传播者。

此外，培训还应重点加强教师运用现代信息技术手段开展中华优秀传统文化教育的能力。在当前"互联网＋"时代，信息技术已经深度融入教育教学的各个环节。教师应积极利用信息技术优化传统文化教学方式，开发制作微课、动画、虚拟现实等数字化教学资源，创设沉浸式、交互式的学习体验，提高教学的直观性和吸引力。同时，教师可以依托网络平台，搭建传统文化教育的共享空间，实现优质教学资源的共建共享，促进教师之间的交流与合作。

## （二）培训方法

在中华优秀传统文化教育师资培养过程中，结合研讨会、工作坊与实地考察等多种培训方法，能够显著提升培训效果，增强教师的教学体验。这些方法能够从不同角度满足教师专业发展的需求，有助于其深入理解传统文化内涵，掌握现代教育理念和方法，提高教学能力和文化自觉。

### 1. 研讨会

研讨会是一种富有成效的培训形式，它通过专题讲座、经验分享、互动交流等环节，为教师搭建起学习与交流的平台。在研讨会上，专家和学者可以系统阐述中华优秀传统文化的核心要义、思想精髓，帮助教师夯实文化根基。同时，优秀教师代表也可以分享他们在教学实践中的心得体会，介绍行之有效的教学模式和方法，为其他教师提供宝贵的经验借鉴和启示。而互动交流环节则有利于教师之间思想的碰撞，共同探讨教学中遇到的困惑和问题，寻求解决之道。

### 2. 工作坊

工作坊是一种强调动手实践、学以致用的培训方式。在工作坊活动中，教师们聚焦于特定主题，在专家引导下开展教学设计、案例分析、情景模拟等实操练习。通过亲身参与和体验，教师能够将所学理论知识内化为教学智慧和实践能力，有效缩短理论与实践之间的距离。例如，在"中华传统美德与当代德育"工作坊中，教师可以围绕具体德目，讨论如何将其融入课程教学和校园文化建设之中，并设计出相应的教学活动方案。这一过程不仅能够锻炼教师活用知识的能力，也能激发他们教育创新的灵感。

### 3. 实地考察

实地考察是将课堂延伸至传统文化现场的沉浸式学习方式。教师走进博物馆、古迹遗址、非遗传习所等，近距离感受中华优秀传统文化的魅力，领略其中蕴含的智慧结晶。在考察过程中，教师不仅能够直观了解中华优秀传统文化的物质载体，更能体味先贤大家的精神风范，感悟中华文明的独特内涵。这种身临其境的文化体验，能够唤起教师的情感共鸣，化作心灵的震撼与触动，进而转化为教书育人的动力和担当。通过实地考察，教师自身的文化素养、人文情怀也能得到提高和升华。

## 三、中华优秀传统文化教育师资培养的制度建设

### （一）制度建设的原则

制度建设是保障中华优秀传统文化教育师资培养持续、健康发展的重要基石。在制度设计过程中，坚持可持续发展与适应性原则至关重要。可持续发展是指制度应具有长期性、稳定性和前瞻性，能够为师资培养提供持久而有力的支撑；而适应性则强调制度要与时俱进，能够根据教育发展的新形势、新要求进行动态调整和优化。

### 1. 系统性和协同性原则

中华优秀传统文化教育师资培养制度应体现系统性和协同性原则。一方面，

制度设计要全面统筹师资职前培养、在职培训、专业发展等各环节，使其形成有机联系、相互促进的完整体系。另一方面，制度还应强调多方协同，充分调动高校、中小学、教研机构、文化部门等各界力量，建立起分工明确、优势互补的协作机制。只有构建起系统完备、运转高效的制度体系，才能为师资培养提供完善的组织保障。

### 2. 开放性和包容性原则

中华优秀传统文化教育师资培养制度应体现开放性和包容性原则。在开放性方面，制度应鼓励高校与其他教育机构、社会组织广泛开展合作，引进优质师资培养资源，拓宽师资成长渠道。在包容性方面，制度设计要充分尊重教师的主体性，为其提供更大的自主权和选择空间，激发教师参与培养的内生动力。此外，制度还应兼顾不同群体教师的差异化需求，提供个性化、多元化的培养方案，最大限度地释放师资培养活力。

### 3. 创新性原则

中华优秀传统文化教育师资培养制度应把握创新性原则。在知识高度融合、社会加速变革的新时代，单纯依靠传统的师资培养模式已难以适应教育发展需要。因此，制度设计要鼓励创新，积极探索校本研修、网络研修、跨界研修等新型培养路径，拓宽教师专业视野和能力边界。同时，制度还应注重培养复合型、创新型师资，重点提升教师跨学科整合、前沿技术应用等关键能力，助力教师在传承、创新中华优秀传统文化中发挥引领作用。

## （二）制度建设的框架

中华优秀传统文化教育师资培养的制度建设需要明确分层次、分类别的培养目标与路径。这是因为，不同层次、不同类别的教师在教学内容、教学方法以及职业发展需求等方面存在显著差异。因此，制度设计应充分考虑这些差异，为不同群体的教师提供针对性的培养方案。

对于中小学一线教师来说，制度建设应侧重于夯实其传统文化基本知识，提升课堂教学技能。这需要制定系统的培训课程体系，涵盖国学经典、传统美德、民俗文化等内容，同时强化教学设计、课堂组织、互动与反馈等教学基本功的训练；通过集中面授与网络研修相结合的方式，帮助教师全面理解和内化优秀传统文化的内涵，掌握将其融入日常教学的技巧。

对于高校教师（尤其是传统文化相关专业的教师）来说，制度建设则应着眼于拓宽其学术视野，深化其专业造诣。这需要搭建高水平的学术交流平台，邀请国内外知名专家开设讲座、工作坊，引导教师积极参与前沿研究课题。同时，应完善教师参加国际会议、访学进修的资助政策，支持其开展跨文化、跨领域的学术对话。这有助于教师及时更新知识结构，提炼教学新材料，增强其教学的思想性和时代性。

对于师范院校教师而言，制度建设的重点在于增强"教师培养者"的专业能力。一方面，应支持其深入基础教育一线，了解中小学传统文化教育的实际需求；另一方面，要引导其系统反思传统文化教师培养的规律，探索更高效、更接地气的培养模式。这需要在师范院校建立产学研一体化平台，整合中小学、高校、科研机构等多方资源，打造教师培养的"孵化器"，提供高质量的教材、案例、工具包等，助力一线教师的专业发展。

### （三）制度建设的保障

制度建设是保障中华优秀传统文化教育师资培养的关键环节。健全的制度体系能够为教师的专业发展提供制度保障，激励教师积极投身中华优秀传统文化教育事业。

在制度建设的框架设计中，应明确分层次、分类别的培养目标与路径。针对不同专业背景、教学经验的教师，制定差异化的培养方案。对于文史哲等人文社科背景的教师，可侧重加强其传统文化基础知识和教学方法的培训；而对于教育学背景的教师，则可突出教学理论与传统文化教育实践的融合。同时，还应根据教师的教龄、职称设置不同的培养目标，让每名教师都能找到适合自身的发展路径。

制度的有效实施离不开必要的政策支持与资源配置。教育主管部门应制定专门的师资培养政策，在职称评定、项目申报等方面向传统文化教育教师倾斜。高校也应将中华优秀传统文化教育纳入教师发展的整体规划，提供必要的经费保障和制度支持，建立专门的教师发展中心，为教师搭建学习交流、教学研究的平台，鼓励教师积极参与国内外访学、挂职锻炼等，拓宽视野、提升能力。

科学完善的教师评价体系是推动中华优秀传统文化教育师资队伍建设的重要抓手。评价体系的构建要立足教师的综合能力、教学效果和学生反馈，既要看重教师的教学基本功，又要关注其在教学创新、课程开发等方面的表现。评价指标应多元化，定性与定量指标相结合，过程性评价与结果性评价并重。同时，评价主体也要多样化，除了学校和专家，还应吸收学生、家长等利益相关者参与，以更全面、更客观地反映教师的实际水平。

## 四、中华优秀传统文化教育师资队伍的激励机制

### （一）道德激励

道德激励对于提升中华优秀传统文化教育师资队伍的荣誉感和使命感具有重要意义。在新时代背景下，传承和弘扬中华优秀传统文化已经上升为国家战略，成为教育事业的重要使命。作为中华文化传播的重要力量，教师肩负着传道授业解惑的神圣职责。然而，教师的教学热情和责任心往往受到现实条件的制约，面临着职业倦怠和身份认同危机的挑战。因此，加强对中华优秀传统文化教育教师的道德激励，增强其职业荣誉感和使命感，对于推动中华优秀传统文化教育的可持续发展具有重要意义。

道德激励要从教师队伍建设的价值取向入手，明确中华优秀传统文化教育的意义和地位。通过树立教书育人、为党育人、为国育才的价值观，激发教师的爱国情怀和仁人志愿，使其深刻认识到传统文化传承创新的时代责任。同时，还要大力宣传优秀教师的先进事迹，选树一批道德情操高尚、学养俱佳、教学业绩突出的优秀教师典型，在教师队伍中形成比学赶超、见贤思齐的浓厚氛围。通过典型引路、以点带面，帮助更多教师看到传统文化教育事业的广阔前景，坚定文化自信，激发教学热情。

道德激励还要完善中华优秀传统文化教育教师的评价体系和激励机制，建立科学合理的教师评价标准，突出师德素养和教学实绩在考核中的比重，引导教师自觉加强道德修养，潜心教书育人。同时，探索实施荣誉激励、表彰奖励等多元化激励方式，褒扬优秀教师的成绩和贡献，增强其职业成就感和光荣感。此外，还要关注教师的职业发展诉求，完善职称晋升和继续教育制度，为其提供更多的进修深造机会，拓宽职业发展通道，帮助教师实现自我价值，焕发教学热情。

### （二）物质激励

物质激励是调动教师从事中华优秀传统文化教育积极性和创造性的重要手段。教师是文化传承的中坚力量，他们的工作热情和教学质量直接关系到中华

优秀传统文化教育的成效。因此，建立科学合理的物质激励机制，对于稳定师资队伍、提升教学水平具有重要意义。

具体而言，物质激励主要包括两个方面：适当的经济补偿和职业晋升机会。在经济补偿方面，学校应根据教师承担的教学任务和工作量，给予相应的津贴或奖金，以体现对教师付出的认可和鼓励。同时，针对在传统文化教育中表现突出的教师，还可以设立专项奖励，如"优秀传统文化教育教师奖"等，以进一步激发其工作热情。这些经济激励不仅能够改善教师的生活条件，更能让他们感受到中华优秀传统文化教育工作的价值和意义。

在职业晋升方面，学校应为从事中华优秀传统文化教育的教师提供多元化的发展通道。一方面，要将中华优秀传统文化教育工作与教师职称评定、岗位晋升等挂钩，确保教学业绩突出的教师能够获得相应的职业发展机会；另一方面，还应鼓励教师参与中华优秀传统文化教育领域的学术研究和教学改革，为他们搭建专业成长的平台。通过为教师营造良好的职业发展环境，增强其长期从事中华优秀传统文化教育的信心和决心。

值得注意的是，物质激励虽然重要，但绝不是唯一的激励手段。在实践中，还需要注重精神激励与物质激励的有机结合。一味强调物质利益，容易导致教师重利轻义、急功近利；反之，若只讲精神追求而忽视教师的现实需求，则难以真正调动其积极性。因此，学校应在物质保障的基础上，注重人文关怀，努力营造尊重教师、关爱教师的良好氛围，让教师真切感受到中华优秀传统文化教育事业的崇高和教书育人工作的光荣。

## 五、中华优秀传统文化教育师资队伍的评价体系

### （一）评价体系的构建

构建一套科学合理的评价体系是提升中华优秀传统文化教育师资质量的关键。评价体系应该立足岗位需求，聚焦师德师风、教育教学能力、传统文化素养等核心要素，采用多元化的评价方式，力求全面、客观地评估教师的综合素质和实际表现。

在评价指标的设置上，应突出中华优秀传统文化教育的特色。除了考查教师的教学设计、课堂组织、教学反思等基本功外，还要重点评估对中华优秀传统文化的掌握程度、对其内涵的理解深度，以及将其融入教学的创新能力。同

时，评价指标还应体现时代性和前瞻性，引导教师积极探索中华优秀传统文化教育与现代教育技术的融合，运用信息化手段丰富教学形式，提升教学效果。

在评价主体的选择上，应采取学校评价、专家评价和学生反馈相结合的方式。学校可以通过听课、评课、检查教学文案等形式，对教师的日常教学进行督导、评估；邀请传统文化领域专家参与教师培训考核和教学成果评审，提供专业性指导；建立学生评教制度，定期收集学生对教师教学的反馈意见。多元评价主体的引入，有助于评价视角的丰富和评价结果的平衡。

在评价方法的运用上，应坚持过程性评价与总结性评价相结合、定性评价与定量评价相结合的原则。定期开展教学观摩、经验交流等活动，及时发现并解决教师在教学实践中遇到的困难和问题；针对不同层次的教师，分别制定切实可行的成长计划和阶段性目标，引导其加强自我反思和持续进步；完善教师教学业绩档案，客观记录其教育教学行为表现，作为绩效考核和职称评定的重要参考。通过形成性评价激发教师潜能，用发展性眼光审视教师专业发展。

### （二）评价体系的实施

构建一套科学、规范、多元化的评价体系对于增强中华优秀传统文化教育的师资质量具有重要意义。评价体系的实施需要从评价程序和评价指标两个方面入手，确保评价过程的规范性和评价结果的全面性。

在评价程序方面，应建立定期评价和不定期抽查相结合的机制。定期评价可采取年度考核的形式，对教师的教学质量、科研成果、社会服务等进行全面评估。不定期抽查则是对教师的日常教学进行随机检查，及时发现和解决教学中存在的问题。评价过程应严格遵循公平、公正、公开的原则，充分尊重和保护教师的合法权益。

评价指标的设置应体现多元化的理念，既要考查教师的专业素养，也要关注其师德师风。在专业素养方面，应全面评估教师对中华优秀传统文化的理解深度、知识广度和教学能力，具体可包括教师的学历背景、研究成果、教学设计、课堂组织、教学反思等指标。在师德师风方面，应考查教师的职业道德、为人师表、敬业敬学等品质。同时，评价指标还应体现时代性和前瞻性，关注教师运用新技术、新方法开展教学的能力，以及服务社会、传承文化的意识和行动。

多元化的评价指标需要多样化的评价主体参与。除了教育主管部门和学校管理者，还应吸收同行专家、学生、家长等利益相关方参与到评价过程中。通过问卷调查、访谈座谈、实地观摩等方式，多角度、全方位地收集评价信息，确保评价结果的客观性和准确性。

规范化的评价程序和多元化的评价指标相辅相成，共同构成了中华优秀传统文化教育师资评价的基本框架。在实施过程中，还应注重评价结果的反馈和应用。一方面，要及时将评价结果反馈给教师本人，帮助其认清自身的优势和不足，明确今后的努力方向。另一方面，要将评价结果作为教师职称晋升、岗位聘任、绩效分配等的重要依据，形成科学的激励约束机制。

# 第三节　中华优秀传统文化教育的校园文化建设

## 一、校园文化活动的设计与实施

### （一）校园文化活动的策划原则

校园文化活动在中华优秀传统文化传承和弘扬中扮演着至关重要的角色。活动策划应以中华优秀传统文化为灵魂，将其精髓渗透到活动形式和内容之中。这就要求活动组织者具备扎实的传统文化功底，能够从历史的长河中提炼出华夏文明的精华，并以创新的思路和方式呈现出来。

在活动主题选择上，可以围绕传统节日、民俗风情、经典文学作品等展开。譬如，设计"诗词大会""国学知识竞赛"等活动，引导学生感悟古典诗词的意境之美、国学经典的哲理智慧；又如，举办"民俗文化节""非遗传承展"等，让学生在体验传统工艺、民间艺术的过程中，领略中华优秀传统文化的魅力。

在活动形式创新上，则要注重寓教于乐，激发学生的参与热情。可以充分利用新媒体技术，开发别具一格的文化主题游戏，如"汉字听写大赛"App、"中国传统美德打卡"小程序等，通过趣味互动增强传统文化的吸引力。同时，还可以组织沉浸式体验活动，如"古典诗词吟诵会""汉服文化节"等，让学生身临其境地感受中华优秀传统文化魅力。

活动过程中，还应注重师生互动、生生互动，发挥学生的主体性。鼓励学生自主策划、组织、实施各类文化活动，在实践中加深对中华优秀传统文化内涵的理解。同时，教师也要积极参与其中，成为学生探索中华优秀传统文化的引路人，在潜移默化中端正学生的价值取向。

## （二）活动实施过程

中华优秀传统文化教育在校园活动的实施过程中，应着重围绕传统文化的精髓，设计富有时代特色、贴近学生生活的实践活动。这些活动不仅要让学生深入了解中华优秀传统文化的内涵，而且要引导他们在生活中践行传统美德，传承优秀文化基因。

### 1. 突出学生的主体地位

校园活动实施过程要突出学生的主体地位，鼓励学生积极参与、亲身体验。教师可以通过情境教学、角色扮演等方式，让学生身临其境地感受中华优秀传统文化的魅力。例如，在学习传统节日时，可以组织学生制作节日装饰、编排节目，让学生在参与的过程中感悟节日的内涵和仪式的意义。又如，在学习传统美德时，可以设计一些情景剧，让学生扮演不同的角色，在交流互动中理解孝敬父母、诚实守信等品德的可贵。

### 2. 注重传统文化与现代生活的融合

校园活动还应注重传统文化与现代生活的融合，引导学生思考传统智慧在当下的价值。教师可以设计一些探究性课题，鼓励学生运用所学知识解决现实问题。例如，面对环境污染问题，学生可以从传统理念中获得启示，提出绿色环保的倡议。又如，在人际交往中遇到矛盾冲突时，学生可以从传统的"以和为贵"思想中汲取智慧，学会包容和善待他人。

### 3. 着眼于学生综合素质的提升

校园活动不能流于形式，而要着眼于学生综合素质的提升。活动设计要有针对性，紧扣德智体美劳全面发展的目标。活动组织要有章法，合理把控时间节奏，调动学生积极性。活动评价要注重过程，关注学生在参与中的收获和进步。只有做到形式与内容相得益彰，校园活动才能成为中华优秀传统文化教育的有效载体。

## （三）活动效果评价与反馈

活动效果评价与反馈是中华优秀传统文化教育校园活动设计与实施过程中

不可或缺的重要环节。通过科学、系统的评价与反馈机制，教育工作者可以全面了解活动的实际效果，掌握学生对传统文化的接受程度和理解深度，进而优化活动方案，提升优秀传统文化教育的针对性和实效性。

1. 构建多维度的评价指标体系

构建多维度的评价指标体系是开展活动效果评价的基础。评价指标应涵盖学生知识掌握、能力提升、情感态度等多个方面，既要关注学生对传统文化知识点的理解和运用，也要考查其文化自信、家国情怀等核心素养的形成。同时，评价指标还应体现活动的参与度、互动性、创新性等特点，全面反映活动设计和实施的科学性、有效性。

2. 丰富评价方式和渠道

丰富评价方式和渠道是保证反馈信息全面性和可靠性的关键。可以采取问卷调查、访谈座谈、作品展示等多种形式，收集学生、教师和家长等多元主体的反馈意见。要充分运用信息技术手段，开发在线评价平台和移动端应用，拓宽评价渠道，提高评价效率。要重视学生的自评和互评，引导其开展深入思考和交流，提升自我认知和反思能力。

3. 深入分析评价数据

深入分析评价数据是发挥反馈功能、指导后续教学的必然要求。教育工作者要对收集到的评价数据进行整理和统计，运用教育测量和数据挖掘等方法，揭示活动效果的规律和特点。既要关注共性问题，分析活动设计和实施中的不足，也要注重个性化需求，为每名学生的传统文化学习提供针对性建议。要对评价结果与学生的日常表现、学业成绩等进行综合分析，形成科学、系统的诊断报告。

4. 综合运用评价反馈

综合运用评价反馈是推动文化教育活动持续优化的动力源泉。教育工作者要根据评价反馈情况，及时调整活动主题、形式和内容，开发更多贴近学生实际、融合时代特色的教育载体。要建立反馈问题整改机制，针对学生、家长的意见和建议，制定切实可行的改进措施。要注重宣传推广，通过展示优秀活动案例、凝练创新做法等，不断扩大中华优秀传统文化教育的影响力。

## 二、校园环境的中华优秀传统文化元素融入

### (一) 校园建筑风格的传统元素设计

校园建筑风格的传统元素设计是中华优秀传统文化在现代教育中得以传承和弘扬的重要载体。校园作为学生学习和生活的主要场所,其建筑风格能够潜移默化地影响学生的审美情趣和文化认同。因此,在校园建筑设计中融入中华优秀传统文化元素,不仅能够营造富有文化底蕴的育人环境,更能引导学生深入了解和领略中华优秀传统文化的独特魅力。

传统建筑风格蕴含着丰富的文化内涵和审美价值。例如,中国古典园林建筑讲究"虚实相生、疏密有致",体现了中国传统哲学理念;而徽派建筑则以精巧细腻的雕刻、飞檐翘角的屋顶、高爽明亮的马头墙等特点,展现了内敛与秩序之美。将这些传统建筑元素恰如其分地运用到校园建筑设计中,能够使校园环境更加雅致、有内涵。同时,能让学生在潜移默化中接受传统美学的熏陶。

在具体设计中,可以考虑从建筑材料、色彩、造型等方面入手,巧妙地融入传统元素。例如,使用青砖、木材等传统建筑材料,营造古朴自然的氛围;采用灰瓦、朱红等传统色彩,体现东方美学的内敛与优雅;在建筑造型上汲取传统建筑的精华,如飞檐、斗拱、垂花门等,增添历史的厚重感。同时,可以在校园内设置亭台楼阁、曲桥回廊等传统建筑,为师生提供休憩交流的场所,让中华优秀传统文化在现代校园生活中"活"起来。

传统元素的运用要避免生搬硬套、过度堆砌,而应根据校园的整体规划和使用需求,选择恰当的表现方式和融合方法。例如,在现代化的教学楼中,可以在细部装饰上体现传统元素,而非简单模仿古建筑的整体形制;又如,在校园景观设计时,可以在植物配置、水景营造等方面体现东方园林的意境美,而非完全照搬古典园林的布局。总之,传统元素的运用要与现代功能相结合、与校园环境相协调,做到"形神兼备",才能真正发挥其育人功效。

### (二) 校园景观中的传统文化呈现

校园景观是大学精神的外在体现,也是传统文化教育的重要载体。合理规划和设计校园景观,将中华优秀传统文化元素巧妙融入其中,能够营造具有文化底蕴的育人环境,潜移默化地影响师生的价值观念和审美情趣。

传统文化元素在校园景观中的呈现形式多种多样。雕塑、牌坊、亭台楼阁等建筑小品是最直观的表现方式。这些造型别致、寓意深刻的景观，不仅美化校园环境，更是生动的文化符号，向师生诠释着中华民族的传统美德和人文精神。

植物景观同样能够传递出丰富的文化内涵。梅、兰、竹、菊等传统"四君子"的广泛运用，体现出中国人崇尚高洁、淡泊、坚韧品格的审美理想；而松柏常青、梧桐繁荫等意象，则营造出勤学不倦、生生不息的校园文化氛围。巧妙选择和搭配富有文化象征意义的植物，能够弘扬民族精神，涵育师生情操。

除了有形的景观，还可以在校园环境中融入无形的人文元素。以书法、诗词等形式在校园主要节点和景观处设置"文化景观墙"，既能起到点景的效果，又能让师生在优美的意境中感悟中华文化的博大精深。例如，在教学楼前设置"学海无涯""学然后知不足"等名言警句，营造勤奋好学的文化氛围；在田径场附近刻上"发奋图强""自强不息"的格言，激励学子奋发向上、砥砺前行。这些充满文化韵味的细节设计，不仅能提升校园景观的审美品位，更能感染师生，塑造其高尚的人格和情操。

## （三）校园日常环境与传统文化的整合

校园日常环境与中华优秀传统文化的融合是实现文化育人的重要载体。校园作为学生学习、生活的主要场所，其环境的营造直接影响着学生的价值观、审美情趣和文化素养。将中华优秀传统文化元素巧妙地融入校园日常环境中，能够潜移默化地影响学生，使其在耳濡目染中感受传统文化的魅力，增强文化认同感和民族自豪感。

在校园环境设计中，可以借鉴中国传统建筑的布局理念和装饰风格，营造具有东方韵味的校园氛围。例如，在校园建筑中融入传统的斗拱、飞檐、雕花等元素，使建筑既富有现代感，又不失传统美；在校园景观设计中采用借景、框景等中国传统园林手法，营造"小桥流水人家"的意境；在校园小品中融入传统文化符号，如石狮、宝鼎、玉兰灯等，点缀出传统文化的韵味。这些设计手法能让学生置身于传统文化氛围中，感受中华优秀传统文化的博大精深。

除了硬件环境，校园的软环境建设也需要注重中华优秀传统文化的渗透。在校园橱窗、宣传栏、文化墙等环境布置中，可以融入传统文化内容（如经典诗词、传统美德、国学经典等），使学生在日常学习和生活中时刻感受中华优秀传统文化的熏陶。同时，学校还可以利用重要传统节日（如春节、元宵节、清明节、端午节、中秋节等）开展丰富多彩的文化活动，通过诗词吟诵、民俗体验、传统美食制作等形式，让学生亲身参与传统文化实践，提升文化体验的深度和广度。

## 三、校园文化宣传与中华优秀传统文化传播

### （一）校园媒体在中华优秀传统文化传播中的作用

校园媒体在中华优秀传统文化的传播中发挥着至关重要的作用。作为连接学校与学生的纽带，校园媒体以其独特的方式，将中华优秀传统文化的精髓传递给莘莘学子，成为弘扬民族文化、培育文化自信的重要力量。

校园媒体的传播优势在于其贴近学生生活，能够以学生喜闻乐见的方式呈现传统文化内容。无论是校园广播、校报，还是新兴的网络平台，都为中华优秀传统文化找到了契合学生兴趣和认知特点的表达方式。通过生动活泼的语言、鲜明多样的形式，校园媒体将深奥的文化内涵转化为学生易于接受和理解的讯息，拉近中华优秀传统文化与当代学生之间的距离。

校园媒体发挥着引导学生文化价值取向的重要作用。通过对中华优秀传统文化的深入挖掘和解读，校园媒体帮助学生认识民族文化的博大精深，领悟其中蕴藏的智慧和力量。在潜移默化中，学生的文化认同感和民族自豪感得以增强，价值观念和道德品质也得到熏陶和升华。校园媒体用鲜活的事例诠释古代圣贤的箴言警句，用感人的故事弘扬中华民族的传统美德，引导学生树立正确的世界观、人生观和价值观，成为德智体美劳全面发展的社会主义建设者和接班人。

校园媒体是学校开展中华优秀传统文化教育的重要阵地。教师可以利用校园媒体平台，将传统文化教育与专业学习、社会实践等有机结合，开展丰富多彩的文化活动。学生在参与中华文化知识竞赛、诵读国学经典、体验传统技艺等活动的过程中，亲身感受祖国文化的魅力，主动成为中华优秀传统文化的传承者和弘扬者。校园媒体为师生共同参与中华优秀传统文化教育搭建了平台，为中华优秀传统文化在校园中的传承和发展提供了保障。

### （二）创新传播方式

在当前信息化时代，创新传播方式，结合现代技术促进中华优秀传统文化的传播已成为教育工作者面临的重要课题。传统的文化教育模式已难以满足新

一代学生的需求，亟须与时俱进，开拓新的传播渠道和方法。

积极利用现代信息技术，打造线上线下结合的教育平台，是创新传播方式的重要举措。通过建设文化教育网站、开发移动客户端等，可以为学生提供丰富多样的文化学习资源，突破时空限制，实现随时随地的文化浸润。同时，教师也可以利用网络平台，开展在线教学、远程答疑等活动，加强与学生的互动交流，提高教学效率。数字化的传播方式不仅能激发学生的学习兴趣，而且能拓宽其文化视野，培养其自主学习能力。

创新的传播方式还应注重体验性和参与性，鼓励学生在实践中感悟中华优秀传统文化的深刻内涵。例如，学校可以定期举办传统文化体验活动（如茶艺、书法、戏曲等），让学生亲身参与其中，在动手实践中领会传统艺术的独特魅力。又如，教师可以组织学生开展文化考察和调研，引导其走进博物馆、非遗传习所等，与文化传承人面对面交流，感受文化传承的生命力。这些沉浸式、互动式的体验不仅能加深学生对中华优秀传统文化的理解和认同，而且能唤起其文化自信和传承意识。

创新传播方式还要善于利用新媒体平台，拓展文化传播的广度和深度。教师可以引导学生通过微博、微信、短视频等方式，积极创作和传播与中华优秀传统文化相关的内容，用鲜活生动的形式吸引更多同龄人的关注。学校也可以与主流媒体合作，策划制作高质量的文化宣传片、纪录片等，在更大范围内弘扬中华优秀传统文化。这些创新的尝试不仅能充分发挥新媒体的传播优势，而且能使中华优秀传统文化焕发出新的生命力，实现与现代社会的有机融合。

## （三）评估与提升

在校园文化建设中融入中华优秀传统文化元素，打造独具特色的校园文化，是新时期我国教育事业发展的必然要求。然而，在实践过程中，如何评估宣传策略的成效及如何持续优化完善，成为摆在教育工作者面前的一道重要课题。

### 1. 科学系统的评估机制

科学系统的评估机制是校园中华优秀传统文化宣传持续优化的前提。评估不应局限于宣传活动本身，而应建立在对学生文化素养提升的考查基础之上。通过定期开展问卷调查、个人访谈等，深入了解学生对中华优秀传统文化的认知程度、情感认同和价值观内化情况，才能准确把握宣传工作的实际成效。同时，评估还应涵盖宣传形式的多样性、宣传内容的吸引力、师生参与的广泛性等多个维度，形成科学完善的评估指标体系。唯有如此，才能为校园中华文化宣传策略的优化完善提供可靠依据。

### 2. 创新宣传方式方法

创新宣传方式方法是校园中华优秀传统文化宣传效果提升的关键。随着信息技术的迅猛发展，借助新媒体平台开展文化宣传已成大势所趋。学校可以通过官方网站、微信公众号、微博、抖音等渠道，及时发布中华优秀传统文化相关的资讯动态和宣传内容，增强信息传播的时效性和交互性。同时，学校还可以充分发挥校园广播、橱窗展板、主题文化墙等传统阵地的作用，开展形式多样、贴近师生生活的文化宣传活动。比如，组织中华传统节日主题征文比赛、经典诵读大会、国学知识竞赛等，在潜移默化中引导师生接受优秀传统文化的熏陶。总之，唯有结合校园实际，不断创新宣传方式方法，才能持续扩大中华优秀传统文化的影响力和吸引力。

### 3. 营造浓厚的中华优秀传统文化氛围

营造浓厚的中华优秀传统文化氛围是校园文化宣传成败的根本。打造特色鲜明的校园建筑、雕塑小品、植物景观等，能够在潜移默化中将中华优秀传统文化元素融入校园环境，使师生时时处处都能感受到中华优秀传统文化的魅力。此外，学校还可以充分利用重大节庆（如元旦、春节、清明节、端午节等）契机，开展丰富多彩的校园文化活动，营造良好的节日氛围。在活动形式上，要注重师生的广泛参与和身临其境的体验感，激发其对中华优秀传统文化的情感共鸣。比如，在端午节期间，学校可以组织龙舟比赛、包粽子大赛等富有节日特色的活动，在比赛过程中渗透文化知识，让师生在参与和体验中感悟传统节日的内涵。

## 四、学生社团与中华文化的结合

### （一）学生社团的角色与中华优秀传统文化的传承

学生社团是高校校园文化建设的重要载体，在传承和弘扬中华优秀传统文化方面具有独特的优势。作为学生自发组织、自主管理的群众性组织，学生社团能够充分调动学生的主观能动性，让学生在参与中华优秀传统文化活动的过程中潜移默化地接受熏陶，增强文化认同感和民族自豪感。

学生社团可以通过开展形式多样的中华优秀传统文化活动（如国学经典诵读、传统节日庆祝、民俗文化体验等），让学生在轻松愉悦的氛围中感受传统文化的魅力。这种生动活泼的体验式学习，比单纯的课堂知识传授更能激发学生的兴趣，加深他们对中华优秀传统文化内涵的理解。同时，学生通过亲身参与活动策划、组织和实施，能够锻炼组织协调能力、沟通表达能力等，在潜移默化中提升综合素质。

学生社团还可以发挥桥梁和纽带作用，促进校内外中华优秀传统文化资源的整合和利用。一方面，社团可以邀请国学大师、非遗传承人等担任指导教师，为学生提供亲炙大家、追根溯源的机会；另一方面，社团可以与地方文化机构开展合作，组织学生走出校园、走进社区，在实践中感悟中华优秀传统文化的生命力。这种校内外互动能够拓宽学生的文化视野，为中华优秀传统文化注入青春活力。

学生社团在传承中华优秀传统文化的同时，还能结合当代学生的特点，对中华优秀传统文化进行创新表达和转化。例如，社团可以创作以中华优秀传统文化为主题的短视频、动漫、话剧等，用新颖的形式吸引更多学生；又如，社团可以开展非遗项目的创新设计大赛，激发学生的创意灵感。这种在继承中发展、在发展中创新的实践，不仅能让中华优秀传统文化焕发新的生机，也能增强学生的文化创新意识和能力。

### （二）社团活动中的中华优秀传统文化教育实践

学生社团作为校园文化建设的重要载体，在中华优秀传统文化教育实践中发挥着不可替代的作用。学生社团活动能够为中华优秀传统文化教育提供生动活泼的实践平台，让学生在参与和体验中感悟中华优秀传统文化的魅力，增强文化自信和民族自豪感。

学生社团开展中华优秀传统文化教育实践活动，首先需要精心策划主题鲜明、内容丰富的活动方案。社团可以围绕传统节日、民俗风情、古典艺术等主题，设计知识竞赛、文化体验、艺术展演等多样化活动，激发学生的兴趣和热情。例如，在传统节日期间，社团可以组织学生体验传统习俗（如包粽子、剪纸、写春联等），让学生在动手实践中感受中华优秀传统文化的独特魅力。又如，社团可以举办国学经典诵读比赛、古典音乐欣赏会等，引导学生领略中华优秀传统文化的语言之美和艺术之美。

在活动过程中，社团要注重营造浓郁的中华优秀传统文化氛围，让学生沉浸其中。可以利用传统服饰、器物、装饰等布置活动场景，营造古朴典雅的环境。同时，还可以邀请国学专家、非遗传承人等担任活动讲解嘉宾，为学生提供专业、权威的传统文化解读，提升活动的文化内涵和教育价值。

此外，学生社团还应重视挖掘中华优秀传统文化中的当代价值，引导学生思考中华优秀传统文化在现代社会的生命力和意义。可以开展传统工艺与现代设计的融合创新、传统美德与社会主义核心价值观的结合等主题活动，激发学生创新思维，让中华优秀传统文化在当代焕发新的生机与活力。

## （三）社团与校园文化共建

学生社团是校园文化建设的重要载体，在校园文化共建方面作用显著。学生社团活动形式灵活多样，能够充分调动学生的积极性和主动性，激发其对中华优秀传统文化的兴趣和热情。通过参与传统文化社团，学生能够在轻松愉悦的氛围中感受中华优秀传统文化的魅力，加深对中华优秀传统文化的理解和认同。

在传统文化社团活动中，学生既是参与者，又是组织者和创造者。他们可以根据自己的兴趣爱好，自主策划、组织各种传统文化活动，如国学经典诵读、古筝古琴演奏、书法绘画创作等。在筹备和开展活动的过程中，学生的组织能力、沟通能力、创新能力等能够得到锻炼和提升。同时，学生可以结合社团活动，深入挖掘中华优秀传统文化的时代价值，创新中华优秀传统文化的传播方式，增强中华优秀传统文化的吸引力和感染力。

学生社团与校园文化共建，能够构建起学校、社团、学生之间良性互动的格局。学校可以为学生社团提供必要的指导和支持，如提供活动场地、经费支持，邀请专家、学者指导等，为社团活动创造良好的条件。而学生社团则可以充分发挥自身优势，积极配合学校开展形式多样的校园文化活动，协助学校营造中华优秀传统文化氛围。学生通过积极参与社团和校园文化活动，能够获得更多接触和体验中华优秀传统文化的机会，在潜移默化中受到中华优秀传统文化的熏陶和感染。

# 五、校园文化节与中华优秀传统文化展示

## （一）校园文化节的筹备

校园文化节作为高校文化建设的重要载体，在传承和弘扬中华优秀传统文化方面发挥着不可替代的作用。在筹备校园文化节的过程中，如何充分体现中华文化特色，彰显民族精神，已经成为每一位教育工作者深入思考的重要课题。

### 1. 立足学校办学定位，把握文化节主题

每一所高校都有自身独特的文化底蕴和办学理念，这既是凝练文化节主题的重要依据，也是彰显学校特色的关键所在。在确定主题时，要充分考虑学校的历史传统、学科优势、人才培养目标等因素，选取最能代表学校精神、最能引起师生共鸣的中华优秀传统文化元素。比如，一所以工科见长的高校，可以将"工匠精神"作为文化节的主题，挖掘劳模精神、工匠精神蕴含的中华优秀传统文化基因，引导学生形成传承创新、追求卓越的价值理念。

### 2. 精心设计活动内容和形式

校园文化节的活动应丰富多彩、形式多样，既要有理论性的主题讲座、学术研讨，又要有观赏性的文艺演出、成果展示。在活动设计中，要注重挖掘中华优秀传统文化的时代价值，并用当代学生喜闻乐见的方式呈现出来。例如，可以举办中华传统服饰展，既展示汉唐服饰之美，又让学生品味服装蕴含的哲学思想；也可以组织国学经典诵读会，让学生感悟先贤的智慧结晶，体会言语之美。在形式创新上，要积极利用新媒体技术，开发文化节专属 App、小程序，创建网上展厅、虚拟场景，让中华优秀传统文化"活"起来、"动"起来，提升师生参与的广度和深度。

### 3. 加强校际交流合作

高校之间的文化差异为校园文化节注入了多元色彩，也为师生提供了开阔视野、相互学习的机会。在筹备过程中，可以联合兄弟院校共同举办中华优秀传统文化主题活动，邀请知名专家、学者开展讲座，组织优秀学生社团进行交流和展演，既能弘扬中华优秀传统文化，又能促进校际的互鉴互融。值得一提

的是，香港、澳门、台湾地区以及海外高校也是开展交流合作的重要对象。通过共建孔子学院、国学研究中心等平台，可以讲好中国故事、传播好中国声音，增强海内外青年学子对中华优秀传统文化的认同感和自豪感。

### 4. 强化宣传教育效果

校园文化节不仅要成为一次文化盛宴，更要实现春风化雨、润物无声的育人功能。除了在校内广泛宣传外，还要面向社会公众开放，充分利用广播、电视、报刊、网络等媒体进行立体宣传，在更大范围内展示中华优秀传统文化魅力。同时，要高度重视校园文化节的教育作用，将其作为弘扬社会主义核心价值观、培育学生家国情怀的重要阵地。通过召开师生座谈会、设置观众反馈渠道等方式，及时了解和评估文化节的育人效果，并为下一届校园文化节的筹备提供经验借鉴。

### （二）文化节活动丰富性与品质提升

校园文化节作为展示中华优秀传统文化的重要载体，其活动的丰富性和品质提升对于全面展现中华优秀传统文化的多样性具有重要意义。文化节活动的丰富性要体现在内容的广泛性和形式的多样性上。在内容设置上，应充分挖掘中华优秀传统文化的深厚底蕴，涵盖各家思想，涉及文学、艺术、哲学、科技等各个领域，展现中华优秀传统文化的博大精深。同时，还要关注不同地域、不同民族的文化特色，体现中华优秀传统文化的多元一体。在形式设计上，可以采用讲座、展览、演出、体验等多种方式，调动学生的感官，引导其全方位感受和理解中华优秀传统文化的魅力。

文化节活动的品质提升要体现在内涵的深刻性和呈现的艺术性上。活动内容不能仅停留在表面的形式展示，更要深入挖掘其中蕴含的价值理念、人文精神和历史智慧，引导学生思考中华优秀传统文化在当代社会的意义和价值，增强其文化自信和民族认同感。在呈现方式上，要充分运用现代科技手段和艺术表现形式，如沉浸式体验、互动式参与等，提升活动的审美品位和艺术感染力，吸引学生主动参与和体验。

文化节活动还应注重教育性与娱乐性、传承性与创新性的有机结合。一方面，要发挥活动的育人功能，将中华优秀传统文化的精神内核与社会主义核心价值观相融合，引导学生树立正确的世界观、人生观和价值观。另一方面，要创新活动内容和形式，将中华优秀传统文化与现代元素巧妙融合，增强活动的时代感和吸引力，激发学生探索和传承中华优秀传统文化的兴趣。

### （三）文化节的影响力扩展

校园文化节作为高校文化建设的重要载体，在促进中华优秀传统文化传承与发展方面具有重要的作用。文化节为师生提供了一个展示和交流的平台，有利于激发大家对中华优秀传统文化的热情，增强对民族文化的认同感和自豪感。通过各种丰富多彩的活动，如国学讲座、经典诵读、书法绘画展、戏曲演出等，师生能够近距离地感受中华优秀传统文化的独特魅力，加深对中华优秀传统文化精髓的理解和体悟。同时，文化节也为不同文化背景的师生提供了一个相互了解、彼此欣赏的机会，有助于促进不同文化间的交流与融合，构建和谐友好的校园文化氛围。

校园文化节的影响力往往能够辐射到校外，吸引更多社会公众走进校园，参与到中华优秀传统文化的传播与弘扬中来。高校可以利用这一契机，主动承担起文化传承和创新的社会责任，通过公开演出、专题讲座、文化体验等形式，向社会大众普及中华优秀传统文化知识，展示中华优秀传统文化的时代价值。这不仅能够扩大学校的社会影响力，提升学校的文化软实力，更能够推动中华优秀传统文化在更广泛的社会层面上得到传播和弘扬。

值得注意的是，校园文化节不应仅仅停留在表面的形式展示上，更要注重内涵建设和创新发展。一方面，要深入挖掘中华优秀传统文化的丰富内涵，立足现代社会语境，对中华优秀传统文化进行创造性转化和创新性发展，使之焕发出新的生机与活力。另一方面，要积极探索校园文化节的新形式、新载体，充分利用现代信息技术手段，拓宽文化节的传播渠道，扩大文化节的影响范围。例如，可以通过网络直播、短视频制作、VR 体验等方式，让更多人参与到文化节活动中来，感受中华优秀传统文化的独特魅力。

# 第四节　中华优秀传统文化教育的社会参与和推广

## 一、社区文化活动的组织与开展

### （一）社区文化活动的策划

社区文化活动是推动中华优秀传统文化在现代社会传承与发展的重要载体。

在策划社区文化活动时，需要巧妙地将传统节日与现代元素相结合，激发社区居民参与的热情，增强活动的吸引力和感染力。传统节日承载着丰富的历史文化内涵，蕴含着中华民族的价值观念和审美情趣。将传统节日作为社区文化活动的主题，能够唤起居民的文化认同感，增强社区的凝聚力。同时，在活动形式和内容设计上，要融入现代元素，让中华优秀传统文化以更加生动、鲜活的方式呈现。

例如，在春节期间，社区可以组织"新春庙会"活动，设置传统手工艺展示、非遗项目体验等环节，让居民在欢庆佳节的同时，感受传统技艺的魅力。又如，在元宵节，社区可以举办灯谜会，将传统灯谜与现代知识竞赛相结合，寓教于乐，增强活动的互动性和趣味性。再如，在重阳节，社区可以开展"敬老爱老"主题活动，组织青少年为老人献艺、陪伴老人等，弘扬尊老爱幼的传统美德，促进代际交流与和谐。

在融合现代元素的同时，社区文化活动还要注重创新形式，提升参与体验。可以充分利用现代科技手段，开发互动游戏、虚拟体验等环节，让中华优秀传统文化以更加生动直观的方式呈现。同时，要注重活动的参与性和互动性设计，让居民从"观众"变为"参与者"，化被动为主动。通过设置有趣的情境、角色扮演等环节，引导居民沉浸式地体验中华优秀传统文化，增强活动的吸引力和教育意义。

此外，社区文化活动的策划还要考虑不同年龄、职业、兴趣群体的需求，设计多样化、差异化的活动内容，提供个性化的文化体验。可以针对儿童、青少年、中老年等不同群体，开展寓教于乐的亲子活动、趣味比赛、健康讲座等专题活动。同时，要广泛听取社区居民的意见和建议，及时调整活动方案，不断优化活动质量，提升居民的获得感和满意度。

## （二）社区文化活动的实施

社区文化活动的实施是中华优秀传统文化教育社会参与和推广的关键环节，其成功与否直接影响着中华优秀传统文化教育的实际成效。以居民需求为导向，是确保社区文化活动实施质量的基本前提。只有充分了解居民的文化需求和兴趣偏好，才能设计出贴近生活、深受欢迎的文化活动方案。这就要求活动组织者深入社区，通过问卷调查、访谈座谈等方式，广泛收集居民的意见和建议，在此基础上因地制宜、因人而异地制订活动计划。

### 1. 注重活动形式的多样性和互动性

传统的讲座、展览等形式固然不可或缺，但更需要创新活动载体，增强参与体验。比如，可以举办传统文化主题的游园会、民俗展演、非遗体验等，让居民在轻松愉悦的氛围中感受中华优秀传统文化的魅力。又如，可以组织居民参与传统手工艺制作、戏曲表演等，在动手实践中加深对传统技艺的理解和认同。互动性强、体验感好的活动更容易调动居民的积极性，提升活动的参与度和影响力。

### 2. 精心选择活动内容

一方面，要突出中华优秀传统文化的核心要义（如讲仁爱、守诚信、崇正义、尚和谐等），引导居民践行传统美德。另一方面，要结合时代特点和社区实际，选取居民感兴趣、易接受的切入点（如家风家训、节日习俗、饮食医养等），从身边事入手弘扬中华优秀传统文化。活动内容只有既高屋建瓴又接地气，才能入脑入心，真正发挥教化作用。

### 3. 注重与社区其他工作的结合

可以与社区党建、志愿服务、关爱帮扶等工作相结合，将中华优秀传统文化教育融入社区建设。比如，在社区党员专题活动中学习中华优秀传统文化，在志愿服务中弘扬传统美德，在关爱帮扶中传承优良家风，等等。通过与社区中心工作的有机结合，不仅能够拓展中华优秀传统文化教育的广度和深度，也能增强社区凝聚力，促进社会的和谐稳定。

## 二、中华优秀传统文化教育的社会资源整合

### （一）社会资源整合的策略

社会资源整合是推动中华优秀传统文化教育发展的重要策略。中华优秀传统文化教育不应局限于学校课堂，而应充分利用博物馆、图书馆、文化馆等社会教育资源，通过跨界合作与资源共享，创新教育形式，丰富教育内容，拓宽教育途径。

博物馆是中华优秀传统文化的集中展示窗口，馆藏文物承载着丰富的历史

信息和文化内涵。将博物馆纳入中华优秀传统文化教育体系，可以让学生在参观互动中感受中华优秀传统文化的魅力，加深对中华优秀传统文化的理解和认同。博物馆可以与学校联合开发校本课程，围绕重点藏品设计教学活动，引导学生探究文物背后的历史故事和文化价值。同时，博物馆还可以为学生提供志愿服务、社会实践的机会，在参与文化遗产保护的过程中，增强学生的社会责任感和文化自信。

图书馆拥有丰富的传统文化典籍和相关研究著作，是中华优秀传统文化教育的重要资源宝库。学校可与图书馆合作，建立中华优秀传统文化教育专题书库，为师生教学研究提供文献支持。图书馆还可以举办中华优秀传统文化讲座、经典诵读等活动，邀请专家、学者解读经典著作，引导学生感悟中华优秀传统文化的深邃思想和人文精神。图书馆还可以发挥数字化优势，建设中华优秀传统文化教育资源平台，实现优质教育资源的共建共享。

文化馆是基层群众文化活动的主阵地，在传承中华优秀传统文化方面具有独特的优势。将文化馆纳入中华优秀传统文化教育体系，可以充分发掘基层群众文化资源，挖掘民间艺人、传统技艺的教育价值。文化馆可以与学校合作，开展传统工艺体验、民俗文化展示等活动，让学生在生动活泼的文化氛围中感受中华优秀传统文化的鲜活力量。文化馆还可以为学生提供传统文化社团活动、文化创意实践等平台，引导学生在继承创新中弘扬中华优秀传统文化。

中华优秀传统文化教育需要整合多方社会力量，形成教育合力。学校应主动对接各类社会教育资源，构建开放、融合、互补的中华优秀传统文化教育格局。政府应发挥统筹协调作用，建立学校与博物馆、图书馆、文化馆等机构的沟通协作机制，在政策、资金、项目等方面给予支持。社会各界应提高对中华优秀传统文化教育的重视程度，形成支持中华优秀传统文化教育发展的良好社会氛围。

## （二）教育与文化资源的有效对接

教育与文化资源的有效对接是实现中华优秀传统文化传承创新、增强教育文化软实力的关键环节。当前，我国教育事业蓬勃发展，文化事业繁荣兴盛，但教育与文化资源的统筹协调、优势互补、融合发展还有待进一步加强。搭建教育与文化资源对接的平台与机制，已经成为文化传承创新、教育质量提升的现实需求和紧迫课题。

1. 建立健全教育与文化资源共建共享机制

政府相关部门应发挥统筹协调作用，制定政策法规，完善顶层设计，为教育文化资源的整合与流动提供制度支撑。同时，要建立教育部门与文化部门协同联动、信息互通、资源共享的工作机制，定期召开联席会议，研究制定务实管用的对接方案。各级各类学校要主动对接文化资源，将其纳入教育教学全过程，丰富育人形式，创新育人模式。博物馆、图书馆、文化馆等公共文化机构要发挥阵地作用，面向学校开放优质资源，与学校共同开展教育活动，促进学生全面发展。

2. 丰富和完善教育与文化资源对接的渠道与载体

要依托现代信息技术手段，搭建线上线下相结合的教育文化资源公共服务平台，集聚优质资源，实现共建共享。引导和支持学校与文化机构合作建设一批高水平的教学科研基地、实践创新基地，开展卓有成效的教育教学和科学研究。鼓励双方联合开发优秀校本课程、特色教材等，将文化资源转化为教育教学资源，提升课程育人功能。支持学校和文化机构合作开展研学实践、劳动实践、志愿服务等实践育人活动，在社会大课堂中厚植学生家国情怀，激发爱国热情。

3. 创新发展教育与文化资源对接的内容与形式

要坚持以社会主义核心价值观引领文化教育内容，引导师生学习领会中华优秀传统文化的思想精髓，树立正确的历史观、民族观、国家观、文化观。要创新教育形式，注重发挥学生的主体作用，通过体验式、互动式、项目式学习，引导他们在实践中感悟和领会中华优秀传统文化的魅力。学校要面向不同年龄段学生，因材施教，分层推进，在广度、深度、难度等方面体现层次性和递进性，切实增强教育的获得感。文化机构要结合自身特点，开发针对性强、形式新颖的教育产品，用学生喜闻乐见的方式讲好中国故事，传播好中国声音。

## 三、家庭与学校的协同教育模式

### （一）家校合作的原则和模式

家庭与学校是教育的两大基本场所，在中华优秀传统文化的传承中扮演着不可或缺的角色。家校合作是实现教育目标、提升教育质量的重要途径，也是强化中华优秀传统文化教育合力的必然要求。构建科学、有效的家校合作模式，对于充分发挥家庭教育和学校教育的协同效应、推动中华优秀传统文化的创造性转化和创新性发展具有重要意义。

系统梳理家校合作内容是强化教育合力的基础。中华优秀传统文化内容丰富，涵盖了思想观念、人文精神、道德规范、行为准则等诸多方面。家庭和学校在教育过程中要立足各自优势，明确分工，相互配合，形成合力。同时，家庭和学校还要加强沟通，及时交流学生在价值观念、学习状况等方面的表现，共同研判，因材施教。唯有家校合力，精准施教，才能避免教育内容重复或脱节，提高教育的针对性和实效性。

创新家校互动形式是增强教育吸引力的关键。随着时代的发展，传统的家校互动方式（如家长会、书面通知等）已难以满足教育需求。为了激发学生学习传统文化的兴趣，提高主动性和创造性，家庭和学校要积极探索新颖、多元的互动形式。例如，学校可以定期举办中华优秀传统文化主题活动，邀请家长参与，引导亲子互动；家长可以充分利用网络平台，与子女分享中华优秀传统文化的点滴感悟，营造浓厚的家庭学习氛围。又如，家校可以合作开发寓教于乐的体验式课程，让学生在参与传统手工艺制作、诵读国学经典等活动中潜移默化地接受文化熏陶。总之，唯有创新家校互动形式，用贴近学生实际、充满时代特色的方式传播中华优秀传统文化，方能持续激发学生的学习动力。

完善家校反馈机制是提升教育教学质量的重要保障。教育是一项系统工程，需要家庭和学校形成闭环，及时沟通反馈，调整策略。传统的反馈方式往往流于形式，缺乏实效。为了破解这一困局，家校要建立常态化、制度化的反馈机制，比如：定期召开教学研讨会，邀请家长代表参加，共同交流教学中的得失；建立家校联系册制度，教师详细记录学生在习得传统文化知识、践行传统美德等方面的表现，家长则反馈子女在家庭生活中的言行，双向互动，形成闭环；开通网络互动平台，搭建家校交流的"直通车"，打破时空限制，让教育过程透明化、常态化。唯有完善反馈机制，才能及时发现并解决教学问题，不断提升中华优秀传统文化教育的质量和水平。

## （二）家庭教育在中华优秀传统文化传承中的角色

家庭作为个人社会化的起点和价值观念形成的摇篮，在中华优秀传统文化的传承中发挥着不可替代的作用。家庭教育不仅包括知识和技能的传授，更涉及情感、态度、价值观的塑造。中华优秀传统文化历来重视家庭伦理和家教家风，倡导"修身齐家"的人生理想。在家庭日常生活中，父母以身作则、言传身教是将中华优秀传统文化内化为子女行为习惯和价值追求的重要途径。

要注重家庭、注重家教、注重家风，充分发挥家庭在青少年思想道德建设中的基础性作用。这一重要论述凸显了家庭教育在文化传承中的独特地位。家庭是连接个人与社会的桥梁，家长的一言一行都会对子女产生潜移默化的影响。通过家庭教育，尊老爱幼、勤俭节约等中华民族传统美德得以代代相传，忠孝仁义、礼义廉耻等价值理念得以世代传扬。可以说，家庭是中华优秀传统文化得以生生不息、薪火相传的土壤。

具体而言，家庭教育对于个人价值观的塑造主要体现在以下几个方面。首先，家庭交往蕴含着丰富的人伦道德内容，是青少年学习和践行"仁、义、礼、智、信"等传统美德的生动教材。父慈子孝、兄友弟恭的和谐家庭关系，使子女在耳濡目染中感悟伦理纲常的意义，养成恭敬长辈、友爱同伴的良好品行。其次，家风家教是优秀文化薪火相传的重要载体。勤俭持家、诚实守信的家风，使子女从小树立艰苦奋斗、诚实做人的价值取向。存好心、说好话、行好事的家训，引导子女追求真善美、远离假恶丑。再次，家庭生活本身就蕴含着传统文化的基因。家庭劳动培养子女的勤劳品质，家庭娱乐承载着丰富的民族文化，节日习俗彰显着悠久的历史传统。在潜移默化中，这些基因融入个体生命，成为安身立命的文化根基。

当前，家庭教育在中华优秀传统文化传承中的作用更加凸显。一方面，良好的家风家教是抵御不良文化侵蚀的屏障。在多元文化交织、碰撞的今天，一些不良思潮和行为时有发生，而发自内心认同中华优秀传统文化价值理念的青少年，必然能够明辨是非、坚守本真，自觉抵制错误思想和不当行为的侵蚀。另一方面，注重家庭、涵养家教，有助于从源头上培育时代新人。青少年是国家的未来、民族的希望。他们的价值观念和道德品质在很大程度上决定了国家和社会的未来。家庭教育围绕理想信念、责任担当等主题，引导青少年树立正确的世界观、人生观和价值观，把个人理想自觉融入民族复兴的时代洪流，必将为国家发展和社会进步提供丰沛的精神动力。

## （三）家校协同教育面临的挑战与对策

家庭与学校在中华优秀传统文化教育中的协同发展面临着诸多挑战和机遇。在现代社会，家庭结构日益多元化，父母的教养方式和价值观念也呈现出多样化趋势，这对中华优秀传统文化教育功能的发挥提出了新的要求。学校面临着课程改革、教学模式创新等一系列变革，中华优秀传统文化教育如何在学校教育体系中占据应有地位，也是一个亟待解决的问题。要破解这些难题，充分发挥家校协同教育的优势，必须在教育的理念、内容、方式等层面进行多方面探索。

从教育理念层面来看，家庭和学校应树立"家校共育"的现代教育理念，充分认识到中华优秀传统文化教育是一项系统工程，需要家庭、学校、社会多方协同发力。家长应摒弃"学校教育高于一切"的片面观念，主动承担起中华优秀传统文化教育的责任，在家庭日常生活中营造中华优秀传统文化的氛围。学校应突破"应试教育"的窠臼，将中华优秀传统文化教育纳入学校育人体系，通过课程建设、校园文化营造等方式，为学生提供系统学习中华优秀传统文化的机会。只有形成家庭、学校、社会协同育人的合力，才能为青少年成长成才奠定坚实的传统文化基础。

从教育内容层面来看，家校协同育人应做到两个"有机结合"：一是中华优秀传统文化与现代元素的有机结合，二是显性教育与隐性教育的有机结合。在教育内容选择上，既要体现中华优秀传统文化的经典内涵，又要关注现代社会的发展需求，将中华优秀传统文化与时代精神相结合，增强文化认同感。同时，要注重挖掘中华优秀传统文化中蕴含的思想观念、道德规范对个人修养和社会发展的现实意义，引导学生将传统美德内化为行为习惯。在教育形式上，家庭要注重言传身教，通过潜移默化的影响熏陶学生；学校要发挥显性教育的专业优势，通过系统的课程教学帮助学生掌握传统文化知识体系，提升文化修养。唯有内容与形式并重、显性与隐性教育交融，才能形成中华优秀传统文化教育的整体合力。

从教育方式层面来看，家校协同要注重学生的主体性，推动参与式、体验式的文化学习。在家庭教育中，父母要充分尊重孩子的兴趣爱好，鼓励其主动参与中华优秀传统文化实践，如古诗文诵读、书法绘画、传统手工等，在亲身体验中感悟中华优秀传统文化的魅力。学校则要创新教学方法，引导学生开展探究性学习，挖掘传统经典中的人文价值，提出自己的见解。同时，学校还应搭建平台，组织传统文化社团、文化节等形式多样的课外活动，为学生提供展示交流的机会。唯有在学生主动参与、亲身感悟中，才能真正唤起其文化自觉，使中华优秀传统文化成为学生健康成长的不竭动力。

此外，破解家校协同教育难题还须注重"五育并举"，促进学生全面发展。

中华优秀传统文化博大精深，其中不仅蕴含丰富的知识内容，更体现着高尚的道德情操、深邃的哲学智慧、独特的审美情趣。开展家校协同的中华优秀传统文化教育，要立足学生身心发展需求，着眼于学生终身发展，在传授知识的同时，注重学生品德培养、审美素养、身心健康的促进，引导学生形成正确的世界观、人生观和价值观，培养其家国情怀和文化自信。只有实现全员全程全方位育人，才能引领学生在传统文化滋养中成长成才、实现更好的人生。

## 四、中华优秀传统文化教育的媒体宣传与推广

### （一）媒体宣传的内容设计

在中华优秀传统文化教育的媒体宣传中，打造亲民、益智的品牌形象至关重要。这不仅有利于提高宣传的针对性和感染力，激发受众的兴趣和热情，更能够彰显中华优秀传统文化的时代价值，增强其生命力和影响力。

从亲民的角度看，中华优秀传统文化教育的媒体宣传应着力塑造平易近人、通俗易懂的形象。中华优秀传统文化博大精深，但如果将其宣传得过于高深，就难以引起普通民众的共鸣和认同。因此，媒体宣传需要用通俗的语言、生动的案例来诠释中华优秀传统文化的内涵，拉近其与受众的距离。比如，在介绍传统美德时，可以讲述一些发生在身边的感人故事；在阐释传统智慧时，可以运用形象的比喻和生活化的案例。唯有让受众感受到中华优秀传统文化并非高高在上、而是与自身息息相关，才能唤起他们的亲切感和认同感。

从益智的角度看，中华优秀传统文化教育的媒体宣传应注重知识性和趣味性的结合。中华优秀传统文化蕴含着丰富的历史知识、道德理念、处世哲学等，对于提升国民综合素质、涵养社会文明风尚具有重要意义。因此，媒体宣传在寓教于乐的同时，还要注重知识的传播和价值的引导。比如，在制作动漫、短视频时，可以巧妙地融入中华优秀传统文化元素，让受众在欣赏的过程中潜移默化地接受熏陶；在开展线上互动时，可以设置有奖问答等环节，激发受众主动学习中华优秀传统文化的热情。唯有不断提升宣传内容的文化内涵和教育价值，才能实现中华优秀传统文化教育的根本目的。

此外，中华优秀传统文化教育的媒体宣传还应重视品牌的长期经营。一个亲民、益智的品牌形象绝非一蹴而就，而是需要在宣传实践中不断打磨、升华。这就要求宣传主体坚持正确的文化导向，把弘扬主旋律、传播正能量放在首位；

要求宣传团队加强自身建设，提升文案策划、视觉设计、新媒体运营等方面的专业能力；要求宣传渠道与时俱进，积极引入新技术、新平台，扩大传播范围和影响力。只有在品牌塑造上精益求精、持之以恒，才能为中华优秀传统文化教育赢得良好的口碑和公信力。

### （二）媒体宣传的渠道选择

媒体宣传作为中华优秀传统文化教育走向社会、服务大众的重要途径，需要传统媒体与新媒体的有机结合。传统媒体（如电视、广播、报纸等）拥有权威性、公信力，能够触达广大受众，特别是中老年群体；新媒体（如微博、微信、短视频平台等）以其互动性、及时性和娱乐性的特点，受到青少年的青睐。二者各有所长，在传播传统文化方面可以形成互补。

传统媒体要发挥主流舆论阵地作用，以高度的文化自觉和文化自信，通过专题报道、系列访谈、纪录片等形式，深度挖掘和梳理中华优秀传统文化精华，用鲜活的案例阐释厚重的历史底蕴，彰显中华优秀传统文化的独特魅力。同时要创新表达方式，用通俗易懂、幽默风趣的语言，对晦涩难懂的文化典籍进行"通俗翻译"，拉近其与大众的距离。在报纸上可开设国学园地，刊登优秀国学作品和学者访谈；电视台可以制作中华传统节日特别节目，用沉浸式的体验带领观众感受中华优秀传统文化的魅力。

新媒体平台要充分利用算法推送、互动投票、H5页面等功能，开发寓教于乐的文化产品。例如，开发传统文化知识问答小游戏，用积分鼓励用户参与；举办古诗词大赛，吸引网友创作投稿；设计"中华美德打卡"活动，引导青少年践行优秀品格。此外，还要积极发掘和培养新媒体文化达人，借助网红效应扩大传播影响力。一些传统文化学者、非遗传承人可以开设个人账号，以独特的视角和鲜活的语言讲述中华优秀传统文化背后的文化典故，吸引粉丝关注。

传统媒体与新媒体要加强联动，实现优势互补、资源共享。传统媒体制作的高质量文化产品可以在新媒体平台二次传播，扩大受众面；新媒体积累的海量用户数据可反哺传统媒体，帮助其精准定位受众、改进节目内容。两类媒体还可开展跨界合作，如组织"寻找最美方言"活动，通过线上投票与线下展演相结合的方式，最大限度地唤起人们对家乡文化的重视。

### （三）宣传效果的监测与评价

宣传效果的监测与评价是中华优秀传统文化教育社会推广过程中不可或缺

的环节。只有通过科学、系统的监测与评价，才能准确把握宣传活动的针对性和实效性，及时发现并解决宣传过程中存在的问题，确保宣传信息的精准传播和深度吸收。

从宣传内容的传播效果来看，监测与评价有助于分析受众对中华优秀传统文化知识的接受程度和理解深度。通过问卷调查、访谈等方式，宣传者可以全面了解受众对宣传内容的认知水平、兴趣偏好、价值认同等，据此优化宣传内容的选择和呈现方式，增强内容的吸引力和感染力。同时，监测数据还能反映出不同受众群体在文化素养、接受能力等方面的差异，为有针对性地开展分众化宣传提供依据。

从宣传渠道的使用效率来看，监测与评价有利于鉴别各类传播渠道的优劣势和适用性。通过跟踪不同渠道的传播数据，如传统媒体的覆盖率、新媒体的点击量、现场活动的参与度等，宣传者可以比较、分析各渠道的传播效果和成本效益，优化渠道组合策略，提升宣传的整体性价比。针对重点渠道，还可以开展深度评估，挖掘影响其传播效果的关键因素，并据此改进渠道运营和管理。

从宣传效果的社会影响来看，监测与评价有助于揭示中华优秀传统文化教育对社会文化生态的塑造作用。通过持续跟踪宣传活动前后社会舆论场的变化，分析大众对中华优秀传统文化的认知、态度、行为等的变迁趋势，宣传者可以客观评估宣传活动对社会文化环境的影响广度和深度，为调整宣传策略、优化宣传效果提供科学的依据。对于影响力较大的宣传项目，还可以开展专题评估，多维度呈现其社会效益和文化价值。

从宣传主体的能力提升来看，监测与评价有利于推动宣传队伍的专业化、职业化发展。通过常态化监测宣传过程和结果，梳理分析宣传实践中的经验教训，宣传队伍可以更加全面、客观地认识自身工作的成效和不足，找准提升宣传能力的着力点和突破口。基于监测数据，宣传部门还可以建立科学的绩效评估和激励机制，调动宣传人员的积极性和创造性，推动宣传工作理念、方法手段的创新，不断提升宣传效果。

## 五、社会公益组织在中华优秀传统文化教育中的作用

### (一) 社会公益组织与中华优秀传统文化教育的结合点

社会公益组织与中华优秀传统文化教育的结合，为弘扬和传承中华优秀传

统文化开辟了新的途径。社会公益组织凭借其独特的资源优势和组织运作方式，能够有效推动中华优秀传统文化教育的普及和深化。通过与学校、社区等多方主体合作，公益组织可以为中华优秀传统文化教育提供必要的资金支持、师资保障和项目实施平台。同时，社会公益组织还能发挥自身的创新优势，设计出更加灵活多样、贴近群众生活的中华优秀传统文化教育项目，增强教育的吸引力和感染力。

从资源支持的角度看，社会公益组织可以通过多种渠道筹集资金，用于支持中华优秀传统文化教育项目的开展。这些资金既可以用于购置教学设备、编制教材资料，也可以用于聘请专业的传统文化教师、开展教学活动。与政府投入相比，社会公益组织筹集的资金更加灵活，能够根据项目需求进行针对性分配。此外，社会公益组织还可以利用自身的社会影响力，动员更多的社会力量参与到中华优秀传统文化教育中来，形成资源共享、优势互补的良性格局。

从项目实施的角度看，社会公益组织可以发挥自身的专业优势，设计和实施富有特色的中华优秀传统文化教育项目。这些项目可以采取讲座、展览、体验等多种形式，注重与受众的互动交流，提高中华优秀传统文化教育的趣味性和参与度。例如，某公益组织在中小学开展"传统文化进校园"项目，通过邀请非遗传承人现场展示技艺、组织学生参与传统手工制作等方式，让学生在体验中感受中华优秀传统文化的魅力。类似的项目有效地将中华优秀传统文化教育与学生的兴趣爱好相结合，取得了良好的教育效果。

社会公益组织参与中华优秀传统文化教育，还有利于促进教育模式的创新和变革。长期以来，中华优秀传统文化教育主要依托学校进行，教学方式较为单一，难以充分调动学生的学习积极性；而社会公益组织参与中华优秀传统文化教育可以打破学校教育的局限，将教育延伸到社区、家庭等更广阔的空间。通过开展形式多样的社会实践活动，社会公益组织能够帮助学生将所学知识与现实生活相联系，在实践中加深对中华优秀传统文化的理解和认同。同时，社会公益组织还可以利用新媒体技术，开发寓教于乐的数字化教育产品，为中华优秀传统文化教育插上科技的翅膀。

## （二）社会公益组织在社区中华优秀传统文化建设中的角色

社会公益组织作为连接政府、企业和公众的桥梁，在推动社区传统文化建设方面发挥着不可或缺的作用。社会公益组织能够广泛动员社会资源，为社区传统文化活动提供人力、物力和财力支持。通过与企业合作，社会公益组织可以争取到资金赞助、场地支持等，为社区文化活动的开展奠定基础。同时，社会公益组织还能够整合志愿者队伍，为社区文化活动提供智力支持和服务保障。

社会公益组织在推动社区居民参与中华优秀传统文化建设方面也有独特的优势。公益组织多扎根于基层，与社区居民有着密切联系，更了解居民的文化需求和期待。因此，社会公益组织能够充分调动社区居民的积极性和主动性，鼓励其参与到中华优秀传统文化的传承和弘扬中来。通过组织形式多样的文化活动，如民俗展演、非遗传习等，社会公益组织能够为社区居民搭建起接触中华优秀传统文化、感受中华优秀传统文化魅力的平台。

此外，社会公益组织还是中华优秀传统文化教育的重要抓手。它可以充分利用自身资源和渠道，开展面向社区儿童、青少年的中华优秀传统文化教育活动。通过寓教于乐的方式（如传统手工制作体验、经典诵读等），青少年在潜移默化中接受中华优秀传统文化的熏陶，增强其文化认同感和自豪感。这对于中华优秀传统文化的代际传承以及培养社区文化建设生力军具有重要意义。

# 第四章　中华优秀传统文化与现代教育的融合探索

## 第一节　中华优秀传统文化与现代教育理念的融合

### 一、中华优秀传统文化核心理念的现代解读

#### （一）礼仪之邦

"礼仪之邦"的称谓饱含着中华民族独特的精神内涵和文化底蕴。它不仅反映了中国人重礼守信、以和为贵的价值追求，而且彰显了中华文明源远流长、博大精深的历史积淀。在当代教育语境下，礼仪文化的精髓依然熠熠生辉，为构建和谐的师生关系提供了宝贵的智慧启示。

1. 礼仪文化强调尊师重教、严于律己的品德养成

"师者，所以传道授业解惑也。"在传统观念中，教师不仅是知识的传播者，更是道德的楷模和人格的典范。学生对教师的尊重，不仅源于对知识的敬畏，更源于对师德师风的认同。这种敬畏和认同，正是建立良好师生关系的基石。在现代教育实践中，倡导学生尊师重教，引导其以严谨自律的态度对待学习和生活，对于塑造师生之间平等而有序的相处之道至关重要。

2. 礼仪文化蕴含着以和为贵、与人为善的处世哲学

"礼之用，和为贵。"礼仪不是冰冷的条文，而是润物无声的行为规范。它强调用真诚、宽容、谦逊的态度对待他人，化解矛盾、弥合分歧，营造和谐共处的人际氛围。在教育情境中，这一理念对于化解师生矛盾、增进彼此理解、建立互信关系具有重要作用。教师以诚相待、以德服人，学生心悦诚服、虚心求教，双方在平等交流中实现思想的碰撞和心灵的契合，共同营造温馨向上的教育文化。

3. 礼仪文化包含着克己复礼、有所不为的自我修养

"非礼勿视，非礼勿听，非礼勿言，非礼勿动。"礼仪对个人言行提出了严

格要求，告诫人们时刻注意约束自己、提升自己，做到有所为有所不为。对于教师而言，这意味着要以身作则、为人师表，以高尚的道德情操和人格魅力感染学生；对于学生而言，这意味着要自觉遵守校规校纪，注重自身修养，在日常点滴中锤炼品行。只有师生双方共同践行礼仪规范，才能成就相得益彰的精神境界，构建互相砥砺的成长共同体。

## （二）重德修身

重德修身是中华优秀传统文化的精华，其思想内核蕴含着丰富的教育智慧。在当代教育语境下，重德修身理念为培养学生的良好品德提供了新的路径和启示。

从知识层面来看，重德修身强调道德教化和品行陶冶的重要性。中华优秀传统文化中"修身、齐家、治国、平天下"的思想脉络，体现了个人修养与社会责任的内在联系。将这一理念引入教育实践，意味着要重视德育课程建设，丰富德育内容，引导学生明大德、守公德、严私德。通过系统的思想道德教育，帮助学生树立正确的世界观、人生观和价值观，内化道德品质，外化文明行为。

从能力层面来看，重德修身注重培养学生自我教育、自我管理、自我提升的能力。"修身"是一个不断自省、自律、自强的过程。在教学中，教师应创设合适的情境，引导学生开展道德实践和体验，学会运用道德原则分析问题、解决问题。同时，要重视家庭、学校、社会协同育人，搭建多样化育人平台，为学生提供广阔的修身实践空间。通过学校、家庭、社会的密切配合，促进学生养成自我教育、自我约束的习惯，提升道德实践能力。

从情感态度层面来看，重德修身强调以德育人、以文化人，注重学生道德情感、家国情怀、文化认同的培育。中华优秀传统文化蕴含着丰富的道德情感因素，如仁爱、谦恭、诚信、正义等。教育工作者要充分挖掘其中的情感内涵，创新育人方式方法，用中华优秀传统文化滋养学生，引导其形成积极向上的情感态度。同时，要将弘扬中华优秀传统文化与厚植爱国主义情怀相结合，引导学生传承中华民族的精神血脉，增强文化自信。

## （三）和而不同

和而不同是中华优秀传统文化的重要内涵，它倡导个体间差异与包容并存。这一理念不仅适用于人际交往，而且是现代教育环境营造的宝贵智慧。在教育领域，学生群体呈现出多元化的特点，他们来自不同的文化背景，拥有不同的个性特征和学习需求。面对这种多样性，教育工作者应秉持和而不同的态度，创设包容差异、鼓励个性发展的教育环境。

从课程设置的维度来看，学校应开设多样化的选修课程，满足学生的不同兴趣和发展需要。除了传统的学科课程外，还应开设艺术、体育、科技等拓展型课程，为学生提供全面发展的机会。同时，学校还应重视少数民族文化课程的开设，帮助学生了解和欣赏不同民族的文化特色，增进民族间的相互理解和包容。学校要通过多元课程的设置营造尊重差异、包容多样的育人环境。

从教学方式的角度来看，教师应根据学生的个体差异因材施教，灵活运用多样化的教学策略。对于学习能力较强的学生，教师可以提供更具挑战性的学习任务，鼓励其自主探究、深入思考；对于学习有困难的学生，教师则应给予更多的关注和帮助，耐心引导其克服困难、建立自信。此外，教师还应重视合作学习的方式，让不同学生通过小组互动学会欣赏他人的优点，包容彼此的不足，在合作中实现共同进步。

从校园文化建设的层面来看，学校应积极营造多元、包容的文化氛围。一方面，学校应重视传统节日、民族节日的庆祝活动，让学生在参与中感受中华优秀传统文化的魅力；另一方面，学校还应举办各类文化交流活动（如文化节、外语节等），搭建不同文化背景学生交流的平台。通过这些活动，学生能够开阔视野，学会用欣赏的眼光看待文化差异，增强文化自信和包容意识。

## 二、中华优秀传统文化在现代教育的体现

### （一）培养有责任感的公民

培养学生成为有责任感的公民，是中华优秀传统文化在现代教育中的重要体现。中华优秀传统文化中蕴含着丰富的责任伦理思想，强调个人对家庭、社会、国家乃至天下的责任担当。这种责任意识不仅是个人修身、齐家的基础，更是治国、平天下的根本。将这些传统责任伦理思想融入现代教育之中，对于塑造学生的责任意识、培养其成为有责任感的公民具有重要意义。

从个人层面来看，传统责任伦理强调"修身"的重要性。"修身"不仅要求个人遵守道德规范、培养良好品行，更要求个人勇于承担责任、履行义务。在现代教育中，应引导学生把"修身"作为人生的基础，培养其自律自励、勇于

担当的品格。比如：通过开展丰富多彩的德育活动（如志愿服务、社会实践等），帮助学生树立正确的责任观，提升责任意识和责任能力。只有学会对自己负责，学生才能进一步承担起对他人、对社会的责任。

从家庭层面来看，传统责任伦理重视"齐家"的伦理要求。"齐家"强调个人在家庭中的角色担当，要求其尽到对家庭成员的责任和义务。在现代教育中，应加强家庭伦理教育，引导学生认识到家庭责任的重要性。比如：通过家访、家长会等，加强学校与家庭的沟通合作，帮助学生树立正确的家庭责任观。只有学会承担家庭责任，学生才能在更大范围内承担社会责任。

从社会层面来看，传统责任伦理强调"治国、平天下"的政治抱负和社会担当。在现代教育中，应激发学生的家国情怀，培养其社会责任感。比如：通过开展国情教育、时事政策教育等，帮助学生了解社会发展现状，认识自己肩负的社会责任；鼓励学生积极参与志愿服务、公益活动，在实践中提升社会责任意识和实践能力；引导学生把个人理想与国家、民族、人类的命运紧密相连，自觉肩负起时代赋予的社会责任。

## （二）重视集体利益高于个人利益

重视集体利益高于个人利益，是中华优秀传统文化中的重要价值观念。这一理念深深根植于中华民族的历史与生活之中，凝结了先贤的智慧结晶，蕴含着丰富的团队意识。新时代背景下，探索这一传统价值观念的当代价值，对于加强社会主义核心价值观教育、培养学生的集体主义精神具有重要意义。

中华优秀传统文化历来强调个人利益服从集体利益，倡导"修身、齐家、治国、平天下"的价值追求。无论是"大同"理想，还是"兼爱"思想，都体现了个人利益与集体利益和谐统一的价值取向。在传统社会中，个人的生存发展往往依托于家庭、宗族等集体组织。个人的言行举止，时时刻刻都要考虑集体的利益和荣誉。正所谓"先天下之忧而忧，后天下之乐而乐"，集体利益永远高于个人得失，这是中华民族世代相传的宝贵的精神财富。

在现代社会语境下，集体利益与个人利益的关系更加错综复杂。一方面，社会分工日益精细，个人主义价值观念对人们的行为产生了更大影响。另一方面，集体主义精神作为中华民族的传统美德，在社会主义核心价值观中依然占据着重要地位。培养学生正确认识个人利益与集体利益的辩证关系，形成正确的世界观、人生观和价值观，是新时代教育的重要使命。

从教育实践来看，重视集体利益高于个人利益的理念蕴含着丰富的德育资源。首先，这一理念有助于培养学生的大局意识和责任担当。通过引导学生在集体活动中发挥主观能动性，主动为集体作贡献，可以增强其集体荣誉感和社会责任感。一个具有集体意识、敢于担当的人，往往也能在未来的工作和生活中展现出卓越的领导力和凝聚力。其次，重视集体利益高于个人利益的理念有利于培养学生的奉献精神和合作意识。在集体生活中，个人的切身利益难免与集体利益发生冲突。引导学生自觉维护集体利益，克服自私自利的心理，乐于助人，善于合作，对于提升其道德品质和社会适应能力具有重要作用。另外，重视集体利益高于个人利益的理念还能培养学生吃苦耐劳、不计得失的高尚情操。在集体利益面前，个人的得失荣辱往往显得微不足道。引导学生树立正确的义利观，淡泊名利，甘于奉献，对于磨砺其意志品质、塑造高尚人格具有重要意义。

### （三）尊老爱幼

尊老爱幼是中华民族的传统美德，其蕴含的价值观念在学校教育中得到了充分体现。学校承担着传承中华优秀传统文化、塑造学生品德的重任。在这一过程中，尊老爱幼的价值观念不仅体现在教学内容的选择上，更体现在校园文化的营造和师生关系的构建中。

从课程设置的角度来看，尊老爱幼的价值观念已经融入到各学科教学之中。在语文课上，学生通过学习经典篇章，领悟尊敬长辈、孝敬父母的道理；在思想品德课上，教师引导学生认识到尊老爱幼是中华民族的传统美德、是社会主义核心价值观的重要组成部分；在综合实践活动中，学校组织学生走进敬老院，为孤寡老人送去温暖和关怀。这些教学活动不仅让学生掌握了相关知识，更重要的是在潜移默化中内化了尊老爱幼的价值理念。

学校教育不仅要传授知识，更要注重学生品德的培养。在这一过程中，教师发挥着重要的示范作用。教师应以身作则，在与学生的日常交往中体现出对老年人的尊重和对幼儿的关爱。这种言传身教能够引导学生形成正确的价值取向，促进其健康成长。同时，学校还应营造尊老爱幼的校园文化氛围，如在重阳节组织"敬老爱老"主题活动、在六一儿童节开展"关爱幼儿"志愿服务等。这些活动不仅能丰富学生的校园生活，更重要的是让尊老爱幼的价值观念深入人心。

此外，尊老爱幼的价值观念还体现在师生关系的构建之中。教师作为学生的引路人，不仅要传授知识，更要成为学生心目中值得尊敬和信赖的长者。这就要求教师在教学过程中始终保持耐心和爱心，以平等、民主的方式与学生交流，真诚地关心每一名学生的成长。只有建立起相互尊重、相互信任的师生关系，才能营造出和谐、向上的校园文化，为学生的全面发展创造良好的条件。

## 三、中华优秀传统文化与现代教育理念的互补性分析

### （一）从知识传授到德智体美劳全面发展

中华优秀传统文化与现代教育理念的融合，是实现从知识传授到德智体美劳全面发展这一教育目标转型的重要途径。中华优秀传统文化蕴含着丰富的教育智慧，其中的许多理念和方法与现代教育不谋而合，两者相互补充、相得益彰，共同指向育人的终极目标。

中华优秀传统文化注重"明德"和"成人"，强调知行合一、内外兼修，追求人格完善和心性修养。这与现代教育关注学生的情感、态度、价值观培养，重视全面发展的理念不谋而合。传统的"六艺"教育全面涵盖德、智、体、美、劳等方面，与现代教育的"五育并举"一脉相承。因此，在课程设置、教学内容等方面融入中华优秀传统文化元素，有助于实现全人教育的目标。

中华优秀传统文化强调因材施教，主张"教学相长""有教无类"，体现了"以生为本"的教育理念。这与现代教育以学生发展为中心，注重个性化、差异化的教学模式不谋而合。吸收中华优秀传统文化中师生平等交流、启发诱导的教学方法，有助于营造民主、和谐的师生关系，激发学生的学习主动性和创造力。

中华优秀传统文化崇尚"学而时习之，不亦说乎"，强调学以致用、知行合一，与现代教育提倡实践、体验、探究的学习方式一致。在教学中渗透中华优秀传统文化的实践智慧，引导学生将所学知识运用于生活，能增强学生的责任感和使命感，提升解决实际问题的能力。

### （二）传统与创新的平衡

传统与创新的平衡是加强现代教育文化自信的关键。中华优秀传统文化蕴含着丰富的教育智慧，这些智慧在当今时代依然闪耀着夺目的光芒。然而，面对飞速发展的现代社会，教育必须与时俱进，不断创新理念和方法，才能适应时代的需求。因此，在传承中华优秀传统文化精髓的同时，勇于进行教育教学改革创新，是增强文化自信、提升教育质量的必由之路。

中华优秀传统文化中的教育理念，如"因材施教""启发诱导""教学相长"

等，至今仍具有重要的指导意义。这些理念强调教师要充分了解和尊重学生的个性特点，激发学生的主动性和创造性，在教学相长中实现师生共同成长。这与现代教育强调以学生为中心、注重个性化教学的理念不谋而合。因此，传统教育智慧为人们开展现代教育教学改革提供了宝贵的思想资源和实践指导。同时，人们也要清醒地认识到，盲目照搬传统教育模式，忽视时代特点和社会需求，必然导致教育的封闭和僵化。

创新是教育发展的不竭动力。在知识高度丰富和技术日新月异的今天，教育必须树立创新意识，深化教学内容和方法改革，才能培养出适应未来社会的创新型人才。这就要求教师打破思维定式，更新教育理念，积极探索信息化、智能化时代下的教学新模式。比如，充分利用现代信息技术手段，开发丰富多样的教学资源，创设互动性强、趣味性高的学习情境，激发学生的探究欲望；再如，针对不同学生的认知特点和学习需求，实施个性化、精准化的教学，最大限度地挖掘每名学生的潜能。这些创新探索有助于突破传统教学的时空限制，拓宽学生的视野和思路，培养其批判性思维和创造性解决问题的能力。

然而，创新并非否定传统、另起炉灶。相反，中华优秀传统文化的精髓应成为教育创新的根基和源泉。深厚的文化积淀能够为教育创新提供不竭的智慧营养，使教育改革沿着正确的方向不断前行。比如，传统文化重视德育，强调"知行合一"，这与现代教育强调"立德树人"、培养学生核心素养的理念高度契合；又如，中华传统教育注重言传身教，教师的人格魅力和道德涵养对学生的影响至关重要，这一点在现代教育中依然具有现实意义。总之，在继承优秀文化传统的基础上进行创新，既能增强文化自信，又能激发教育活力，实现传统与现代的有机融合。

# 第二节　中华优秀传统文化与现代教育方法的结合

## 一、中华优秀传统文化元素在现代教学中的应用

### （一）中华优秀传统文化课程内容的整合与创新

中华优秀传统文化是中华民族宝贵的精神财富，蕴含着丰富的教育智慧和育人理念。在现代教育体系中，如何将这些宝贵的文化元素有机地融入教学大

纲，实现中华优秀传统文化与现代教育的有效对接，已经成为教育工作者的重要课题。

在教学大纲的设计中，应系统梳理中华优秀传统文化的内容体系，明确纳入教学的核心要素。这需要教育工作者深入研究中华优秀传统文化的精髓，从浩如烟海的典籍中提炼出具有当代价值、适合学生学习的文化内容。例如，在语文教学中，可以选取经典著作中的精华片段，引导学生领悟其中的人生智慧和道德理念；在艺术教学中，可以借鉴传统绘画、书法、戏曲等艺术形式，帮助学生理解中华美学精神的内涵。通过系统的文化要素提炼，教学大纲才能为中华优秀传统文化的教学奠定坚实的基础。

在教学大纲的组织上，应合理安排中华优秀传统文化教学的课时比重和教学节奏。一方面，中华优秀传统文化教学不能"一窝蜂"式地集中安排，而应与其他课程内容相互渗透、有机融合，体现教学的整合性和系统性。另一方面，中华优秀传统文化教学也不能"浅尝辄止"，而应在纵向上为学生提供系统、持续的文化熏陶，循序渐进地提升其文化素养。因此，在教学大纲中，应科学规划中华优秀传统文化教学的进程，既要避免"碎片化"教学，又要防止"填鸭式"灌输。

教学大纲应为中华优秀传统文化教学提供多样化的实施路径。中华优秀传统文化博大精深，其教学方式也应灵活多样，不拘一格。除了传统的课堂教学外，学校还可以通过主题活动、社团实践、研学旅行等形式，为学生提供亲身体验、践行中华优秀传统文化的机会。例如，在传统节日期间，学校可以组织"诗词大会""成语接龙"等别开生面的文化活动；在课后时间，学校可以成立国学社、茶艺社等特色社团，为学生搭建学习中华优秀传统文化的平台；在假期里，学校还可以组织学生走进博物馆，感受中华优秀传统文化的魅力。这些多元化的教学路径，能够激发学生学习中华优秀传统文化的兴趣，提高教学的针对性和实效性。

此外，教学大纲还应为中华优秀传统文化教学的创新留出空间。在中华优秀传统文化的教学中，教师要根据学情和教学条件因地制宜、因材施教，大胆尝试新颖的教学模式。例如，教师可以运用信息技术手段，开发中华优秀传统文化主题的数字资源，打造沉浸式、互动式的文化学习环境；又如，教师可以引入戏剧、演讲等表现性学习方式，鼓励学生用自己的方式诠释和传承中华优秀传统文化。唯有不断创新教学方法，中华优秀传统文化教育才能焕发出新的生机与活力，实现可持续发展。

### （二）传统价值观在学生行为教育中的体现

中华优秀传统文化蕴含着丰富的道德教化资源，对于培养学生高尚的道德情操、塑造健全的人格具有重要意义。将传统价值观融入学生行为教育，能够帮助学生树立正确的世界观、人生观和价值观，增强其社会责任感和使命感。

中华优秀传统文化高度重视道德教化，强调以德治国、以德服人。古代将"仁、义、礼、智、信"作为立身处世的基本准则，强调个人品德修养对于社会和谐稳定的重要性，同时提倡兼爱非攻、尚贤尚同，重视人际关系和社会责任。此外，还崇尚自然无为、清净无欲，强调个人精神境界的追求。这些传统价值理念对于引导学生形成正确的道德观念、培养高尚的情操具有重要启示。

中华传统美德蕴含着丰富的德育内涵。"忠孝节义""仁爱谦和""诚实守信"等传统美德体现了中华民族的道德理想和价值追求。教育工作者可以从这些传统美德中提炼出契合当代社会发展需要的道德规范，融入学校德育和行为教育之中。例如，在日常教学中，教师可以结合传统故事、名人事迹，引导学生领悟爱国奉献、孝敬父母、诚实守信的可贵品质，帮助其作出正确的是非判断和行为选择。

学校可以开展形式多样的校园文化活动，让学生在潜移默化中接受中华优秀传统文化的熏陶，内化道德品质。例如，学校可以举办国学经典诵读比赛，引导学生感悟中华优秀传统文化的语言魅力和道德内涵；开展传统节日主题活动，让学生在体验中华优秀传统文化的同时，领会蕴含其中的价值观念；组织志愿服务、社会实践等活动，引导学生践行传统美德，增强社会责任感。

学校还应注重家庭、学校、社会协同配合，形成全员、全过程、全方位育人格局。家庭是学生品德养成的重要场所，学校可以加强与家长的沟通交流，引导家长自觉树立榜样，让学生在日常生活中感受传统美德的魅力。社会是学生健康成长的大环境，学校可以整合社会德育资源，邀请社区领袖、行业楷模走进校园，使学生感受到社会主流价值观的引领和激励。

要促进传统价值观在学生行为教育中的生动实践，学校还应重视创新教育方式方法。传统的说教灌输式德育往往难以激发学生兴趣，收效甚微。教师要善于运用情境教学、案例分析、角色体验等参与式教学方法，引导学生主动思考、体验、内化传统道德规范。同时，学校还要充分利用现代信息技术手段，开发富有时代特色的德育课程资源，增强中华优秀传统文化教育的吸引力和感染力。

## 二、中华优秀传统文化与现代教学模式的融合

### (一) 合作学习与传统教育智慧的结合

合作学习是一种以小组为单位、通过相互协作来实现共同学习目标的教学策略。它强调学生之间的互动与合作，注重培养学生的团队意识和协作能力。将合作学习引入传统教育，能够有效弥补传统教学模式的不足，激发学生的学习兴趣，提高教师的教学效果。

我国传统教育历来重视个人修养和自我完善，强调"修身、齐家、治国、平天下"的价值追求。这种教育理念虽然注重个体的全面发展，但在一定程度上忽视了人与人之间协作互助的重要性。随着社会的进步和时代的发展，现代教育越来越强调培养学生的团队合作意识和协作能力，而合作学习正是顺应这一趋势，将传统教育智慧与现代教育理念相结合的产物。

在合作学习中，教师根据教学内容和学生特点将学生分成若干小组，每个小组成员共同承担一项学习任务。在完成任务的过程中，小组成员必须相互配合、互帮互助，充分发挥每个人的聪明才智，共同探讨问题的解决方案。这种学习方式打破了传统的"一言堂"模式，为学生提供了展示自我、相互学习的平台，有利于调动学生参与教学活动的积极性。

合作学习不仅能够提高学生的学业成绩，更能培养学生的社会交往能力和团队协作精神。在小组互动的过程中，学生学习如何倾听他人意见、表达自己的观点、解决分歧和矛盾等，这些都是未来步入社会不可或缺的宝贵品质。同时，合作学习还能够促进学生个性化发展。在合作讨论中，每名学生都有机会充分展示自己的特长，获得他人的认可和尊重，从而增强自信心，形成积极健康的自我认知。

此外，将合作学习引入课堂还能够拓展教师的教学思路，优化课堂教学组织形式。传统教学多以教师讲授为主，学生被动接受知识，课堂氛围较为沉闷。而在合作学习中，教师从知识的传授者转变为学习的引导者和协调者，学生则成为学习的主人。双方角色的转变，使课堂焕发出新的生机与活力。教师还可以根据合作学习的反馈信息，及时调整教学策略，因材施教，从而不断提高教学水平。

### (二) 探究式学习与传统解题技法的融合

探究式学习是一种以学生为中心、强调主动探索和发现的学习方式，其与

传统解题技法的融合能够有效锻炼学生的思辨能力和创新意识。传统解题技法强调对知识点的掌握和运用，注重培养学生的逻辑思维和问题解决能力。然而，这种解题模式容易使学生陷入机械化、程式化的思维定式，缺乏独立思考和创新探索的意识。而探究式学习则鼓励学生自主提出问题、设计实验、收集数据、分析论证，在探究过程中锻炼批判性思维和创新能力。

将探究式学习与传统解题技法相结合，可以从多个维度促进学生综合素质的提升。

### 1. 激发好奇心和求知欲

探究式学习能够激发学生的好奇心和求知欲，使其主动投入到问题解决的过程中。在探究活动中，学生需要运用已有知识和经验，通过观察、假设、实验等方式寻求问题的答案。这一过程不仅能够加深学生对知识点的理解和掌握，更能培养其独立思考、勇于质疑的精神。传统解题技法为学生提供系统完整的思维训练，使其能够条理清晰地分析问题、解决问题。二者的融合，能够帮助学生在扎实掌握基础知识的同时，提升探究能力和创新意识。

### 2. 培养元认知能力

探究式学习与传统解题技法的结合有利于培养学生的元认知能力。元认知是指个体对自身认知过程的认识和调控，是学习能力的核心要素之一。在探究活动中，学生需要不断反思自己的思维过程，评估所采取的策略是否有效，并据此调整探究方向。这种自我监控和调节的过程，能够提高学生的元认知水平，使其逐步掌握学习的主动权。传统解题技法为学生提供清晰的思维框架和解题步骤，帮助其形成规范化、条理化的思维习惯。二者相辅相成，能够促进学生形成高效的学习方式和策略。

### 3. 丰富课堂教学形式

探究式学习与传统解题技法的融合还能够丰富课堂教学形式，提高学生的参与度和获得感。传统教学往往以教师讲授为主，学生被动地接受知识，课堂气氛较为沉闷。探究式学习强调师生互动、生生互动，鼓励学生通过小组合作、讨论交流等方式共同完成探究任务。这种多元化的教学形式能够调动学生的学习积极性，营造民主、平等、活跃的课堂氛围。学生在探究过程中获得的成就感和自信心，也将转化为持续学习的内在动力。

## 三、中华优秀传统文化教育资源的现代化利用

### （一）数字化教育资源的开发

随着信息技术的飞速发展和教育理念的不断更新，传统的教学模式已难以满足新时代学生的学习需求。在这一背景下，开发传统文化数字化教育资源，创新多媒体教学设计，已成为弘扬中华优秀传统文化、提升教学质量的重要途径。

中华优秀传统文化蕴含着丰富的历史知识、道德规范和美学价值，是中华民族的精神瑰宝。然而，传统的教学模式往往以教师讲授为主，学生被动接受，难以调动学生学习的主动性和积极性。数字化教育资源的开发，为传统文化教学注入了新的活力。通过多媒体技术的运用，教师可以将文字、图像、音频、视频等元素巧妙融合，创设生动形象、寓教于乐的学习情境，使枯燥的文化知识变得鲜活起来。学生在沉浸式的体验中，能够更直观地感受中华优秀传统文化的魅力，加深对其内涵的理解和认同。

数字化教育资源的开发还有助于拓宽传统文化教学的时空界限。在传统课堂中，教师受限于教学时间和场地，难以全面、系统地呈现中华优秀传统文化的各个方面。而借助数字化平台，教师可以将中华优秀传统文化的多个侧面有机串联起来，构建完整的知识体系。学生可以突破时空限制，根据自己的学习节奏和兴趣爱好，自主探索传统文化的深奥内涵。这种自主学习的过程，不仅能够促进学生学习能力的提升，而且能培养其文化自觉和民族自信。

在多媒体教学设计中，教师应立足传统文化教育的特点，遵循学生认知发展规律，精心设计教学内容和活动。一方面，教师要围绕中华优秀传统文化的核心要义，甄选典型案例，设计富有挑战性的问题情境，引导学生进行深度思考和探究。另一方面，教师还应充分利用多媒体技术的优势，创设沉浸式、交互式的学习体验，激发学生的参与热情。例如，教师可以开发虚拟现实场景，让学生身临其境地感受中华优秀传统文化的魅力；又如，教师可以设计角色扮演游戏，引导学生在传统文化情境中体验人物的心路历程，培养其价值判断力和同理心。

### （二）线上线下结合的教学资源运用

随着信息技术的迅猛发展，线上线下相结合的教学模式已成为当今教育改

革的重要趋势。在中华优秀传统文化教育中,创设沉浸式的线上线下融合教学环境,能够为学生提供身临其境的学习体验,增强其文化认同感和民族自豪感。

传统文化教学资源的数字化是线上教学环境构建的基础。教师可以利用多媒体技术,将传统文化经典著作、历史文献、艺术作品等内容数字化,制作成视频、动画、虚拟展览等形式,便于学生在线访问和学习。同时,VR、AR 等沉浸式技术的应用,能够将学生带入栩栩如生的历史场景和文化情境中,使其身临其境地感受中华优秀传统文化的魅力。例如,利用 VR 技术再现故宫宫殿的恢宏气势、利用 AR 技术让学生与历史人物"面对面"交流等,这些沉浸式体验能够激发学生的学习兴趣,加深其对中华优秀传统文化的理解和认同。

在线下教学环境创设方面,学校可以打造具有浓厚传统文化氛围的校园环境,如设置传统文化主题教室、茶艺室、古琴室等特色场所,布置包含传统文化元素的装饰,营造沉浸式的文化氛围。同时,学校还可以定期举办中华优秀传统文化体验活动,如古诗文诵读、传统手工制作、传统节日庆祝等,让学生在实践中感悟中华优秀传统文化的内涵与精髓。这些线下教学环境和活动能够与线上教学资源形成呼应,共同构建起沉浸式的传统文化教学空间。

线上线下教学环境的有机融合,还需要教师在教学设计和实施中发挥关键作用。教师要充分利用线上教学资源,合理设计线上学习任务,引导学生自主探究、合作学习;同时把握线下教学优势,组织学生开展研讨交流、动手实践等活动,促进对线上学习内容的消化和吸收。此外,教师还要注重线上线下学习过程的监测与评价,及时调整教学策略,确保教学效果。

## 四、中华优秀传统文化在课堂教学中的创新实践

### (一)课堂教学中的中华优秀传统文化教育活动设计

在中华优秀传统文化教育活动设计中融入课堂教学,是增强文化传承与创新意识、提升学生人文素养的有效途径。中华优秀传统文化中蕴含着丰富的教育资源,如"礼、乐、射、御、书、数"六艺教育、"清静无为"思想、"兼爱非攻"理念等,都为现在的素质教育提供了宝贵的智慧启示。教师应充分挖掘这些文化内涵,将其与学科教学巧妙结合,设计出寓教于乐、启智增慧的教学活动。

以语文学科为例,教师可以选取经典著作中的段落,引导学生品味其中的

人生哲理，领悟做人处世的智慧。在教学中，教师可以采用多样化的形式，如诵读、讨论、表演等，激发学生的参与热情。学生在积极参与的过程中，不仅能够加深对中华优秀传统文化的理解和认同，更能内化其中的价值观念，提升自身的道德修养和人格魅力。

在音乐课堂教学中，可以引入中国传统乐器的演奏或戏曲唱段的欣赏。教师通过讲解乐器的构造、演奏技法以及曲目蕴含的文化内涵，使学生领略国乐之美。学生在亲身体验的过程中，能够感受到中华优秀传统文化的魅力，增强文化自信。同时，在练习乐器的过程中，学生的毅力、耐心、协调能力等也能得到锻炼，有助于培养高尚的审美情趣和健全的人格。

美术课堂也是开展中华优秀传统文化教育的重要阵地。教师可以引导学生欣赏和临摹中国传统绘画，如山水画、花鸟画等，了解其独特的艺术表现手法和美学理念。学生在模仿大师笔触、构图的过程中，能够提升艺术修养，陶冶情操。教师还可以带领学生探究书法艺术，体会其中蕴含的哲学思想和人文精神。学生在执笔运腕、挥毫落纸的过程中，能够培养谦逊、平和的处世态度。

值得一提的是，在数学课堂中渗透中华优秀传统文化教育，也能收到意想不到的效果。中国古代数学著作，如《九章算术》《孙子算经》等，既体现了先人的聪明才智，又蕴含着朴素的辩证思想。教师可以选取其中的数学问题，引导学生分析问题的多样性和变化性，培养辩证思维能力。学生在探究数学本质的过程中，能够领悟"形而上"与"形而下"的哲学道理，提升逻辑推理能力，形成理性思维品质。

## （二）传统与现代交互式教学法的应用

传统与现代教学法的交互融合是提升学生参与感和体验感的重要途径。在中华优秀传统文化与现代教育的融合探索中，如何运用传统教学智慧激发学生学习兴趣，调动其主动性和创造性，已成为教育工作者关注的焦点。传统教学法（如启发诱导、师生对话等）注重培养学生的思辨能力和探究精神，而现代教学法（如合作学习、探究式学习等）则强调学生的主体地位和实践能力。两者看似对立，实则可以相互补充、相得益彰。

### 1. 营造沉浸式学习体验

将传统教学法与现代教学法进行创新性整合，能够为学生营造沉浸式的学习体验。例如，在语文课堂上，教师可以先用启发诱导的方式引导学生思考文章主题，然后组织学生分组讨论，运用合作学习的模式深入研读文本，最后师生共同探讨文章的思想内涵和艺术特色。在这一过程中，学生不仅能感受到传统教学的魅力，而且能体验到现代教学的活力，全面拓展和深化思维能力。

### 2. 提升课堂教学效果

传统教学智慧与现代教育技术的交互应用能极大提升课堂教学效果。传统教学智慧（如因材施教、教学相长等）强调根据学生的个体差异进行教学设计和实施，而现代教育技术（如信息技术、多媒体等）则为个性化教学提供了有力支撑。将二者融合运用，能够实现教学内容的生动呈现和个性化推送。例如，在历史课堂上，教师可以利用虚拟现实技术还原历史场景，让学生身临其境地体验历史文化，同时针对不同学生的兴趣特点，提供个性化的探究任务和学习资源。这种沉浸式、个性化的学习体验，能够充分激发学生的好奇心和求知欲，使其全身心投入到学习中去。

### 3. 提升学生参与感和体验感

传统学习方式与现代学习方式的有机结合是提升学生参与感和体验感的有效手段。传统学习方式（如课堂讲授、课后练习等）侧重于系统化、规范化的知识传授和技能训练，而现代学习方式（如网络学习、移动学习等）则强调学习的开放性、灵活性和自主性。二者相互融合，能够拓展学习的时空边界，丰富学习的内容和形式。例如，在物理课堂上，教师可以先进行基础知识讲解和示范演示；然后利用网络平台布置拓展性学习任务，引导学生利用碎片化时间进行自主探究；最后组织线上线下相结合的交流讨论活动，实现学习成果的分享与内化。这种传统与现代交织的学习方式，能够充分调动学生学习的主动性和积极性，使其成为学习的真正主人。

# 第三节  中华优秀传统文化与现代教育评价的融合

## 一、中华优秀传统文化在教育评价标准中的体现

### （一）传统美德的评价标准构建

教育评价在学生培养过程中发挥着关键作用，它既是检验教学效果的重要

手段，也是引导学生成长、帮助学生认识自我的必要途径。然而，长期以来，我国教育评价体系在侧重点方面存在着一定问题。在这种背景下，将中华优秀传统文化引入教育评价体系，对于构建科学、全面、富有中国特色的现代教育评价制度具有重要意义。

中华优秀传统文化蕴含着丰富的德育资源，为构建注重德育的评价标准提供了重要启示。"修身、齐家、治国、平天下"强调个人修养与社会责任的统一；"仁者爱人"的仁爱观念，彰显了对他人、对社会的关爱之情；"克己复礼"的道德要求，体现了个人私欲与社会规范的辩证法。这些思想旨在引导个人将自身发展与社会进步相结合，成为有道德、有担当、有作为的栋梁之材。将这些传统美德引入教育评价标准，有助于引导学生树立正确的世界观、人生观和价值观，使学生自觉践行社会主义核心价值观，成长为德智体美劳全面发展的社会主义建设者和接班人。

中华优秀传统文化还强调创新意识与独立思考的重要性。"苟日新，日日新，又日新"的进取精神，鼓励个人不断突破自我、追求卓越；"敢为天下先"的首创意识，彰显了勇立潮头、引领时代的气概；"不耻下问"的学习态度，体现了虚心求教、博采众长的进取心。这些思想旨在激发个人的创新潜能，培养其批判性思维和问题解决能力。将这些理念引入教育评价标准，有助于引导学生树立终身学习的理念，养成积极主动的学习态度，敢于质疑权威、勇于开拓创新，进而成长为具有家国情怀和全球视野的时代新人。

此外，中华优秀传统文化还蕴含着重要的团队协作精神，如"和而不同"的处世哲学，强调包容差异、求同存异。这些理念旨在培养个人的协作意识，提升其沟通表达、团结合作的能力。将这些理念引入教育评价标准，有助于引导学生树立集体主义观念，学会换位思考、体谅他人，在团队合作中实现自我价值，成长为具有全局意识和大局观的复合型人才。

### （二）创新性与批判性思维的引入

创新性与批判性思维是中华优秀传统文化中的重要思想内涵，对于现代教育评价体系的构建具有重要的启示意义。在我国悠久的历史长河中，诸多思想家和文化名人都展现出了卓越的创新意识和敏锐的批判精神。从"温故而知新"的教育理念到"致良知"的心学思想，再到"师夷长技以制夷"的改革主张，无不彰显了中华民族敢于打破陈规、勇于开拓创新的精神品格。这些宝贵的文化遗产为我们重新审视现代教育评价体系，注入创新性和批判性思维元素提供了丰厚的土壤。

具体而言，在构建现代教育评价标准时，应充分吸收和借鉴中华优秀传统文化中的创新性思维。这就要求摆脱惯性思维的桎梏，敢于质疑现有的教育评价模式，勇于探索全新的评价理念和方法。例如，在评价学生的学业成绩时，不能仅仅局限于对标准化考试成绩的考量，而应该更加关注学生在探究式学习、项目研究、创意设计等方面的表现，鼓励学生积极尝试，大胆创新。同时，注重引导学生形成批判性思维习惯，培养其独立思考、勇于质疑的能力。这就需要在教育评价过程中为学生提供更多表达观点、交流思想的平台，鼓励其对权威理论和既有结论提出自己的见解，学会用批判的眼光看待问题。唯有如此，才能真正激发学生的创新潜能，培养其成为具有家国情怀和全球视野的时代新人。

中华优秀传统文化中的创新性和批判性思维对于现代教育评价改革意义深远。一方面，它为人们重新定位教育评价的目标和内涵提供了思想源泉。通过对传统文化的创造性转化和创新性发展，可以建构起更加科学、全面的教育评价标准，既关注学生的全面发展，又重视其个性特长的培养。另一方面，中华优秀传统文化中蕴含的批判精神和质疑意识，也为教育评价实践注入了新的活力。应该摒弃单纯的记忆式、应试式评价，转而强调对学生深层次思维能力和创新实践能力的考查。只有在教育评价中贯彻创新性和批判性思维，才能真正破除制约学生发展的种种障碍，为其未来成长奠定坚实的基础。

## 二、中华优秀传统文化对学生综合素质评价的影响

### （一）倡导全人教育理念

中华优秀传统文化对学生综合素质评价的影响，在倡导全人教育理念的背景下尤为显著。全人教育理念，作为一种旨在促进学生身体、心智、情感及精神等多方面均衡发展的教育理念，与中华优秀传统文化的精髓不谋而合，共同为学生综合素质的全面提升提供了深厚的文化土壤和强大的精神动力。

（1）中华优秀传统文化强调"以德为先"，这与全人教育理念中注重学生道德品质的培养高度契合。在综合素质评价中，道德品质是衡量学生全面发展的重要标尺之一。通过学习中华优秀传统文化中的经典故事、传统美德和伦理道德，学生能够树立正确的价值观、道德观，培养良好的道德品质和社会责任感，

从而在评价中展现出高尚的人格魅力和道德风范。

（2）中华优秀传统文化蕴含着丰富的智慧与知识，对于提升学生的人文素养和综合素质具有重要作用。无论是古代的诗词歌赋、书法绘画，还是哲学思想、历史典故，都为学生提供了宝贵的精神食粮。在综合素质评价中，人文素养的高低往往体现在学生的文化底蕴、审美情趣、艺术修养等多个方面。通过学习中华优秀传统文化，学生能够拓宽视野、丰富知识、提升审美，从而在综合素质评价中展现出更加全面的能力。

（3）中华优秀传统文化还注重培养学生的创新思维和实践能力。在古代的科技发明、文学艺术等领域中，无数先贤以他们的智慧和创造力为后世留下了宝贵的遗产。这些遗产不仅展示了中华民族的创新精神和实践能力，也为当代学生提供了学习和借鉴的榜样。在综合素质评价中，创新思维和实践能力被视为衡量学生综合素质的重要指标之一。通过学习中华优秀传统文化中的创新思维和实践精神，学生能够激发自己的创造力和想象力，勇于探索未知领域，积极参与社会实践，从而在评价中展现出更加出色的综合素质。

（4）中华优秀传统文化在综合素质评价中的融入，有助于推动评价体系的完善和创新。传统的评价体系往往过于注重学生学业成绩和知识技能等方面的评价，而忽视了学生综合素质的培养和发展。然而，在全人教育理念的指导下，综合素质评价开始注重学生的全面发展和多元化评价。通过将中华优秀传统文化融入评价体系中，可以更加全面、客观地评价学生的综合素质，促进学生的全面发展。同时，这也为评价体系的创新提供了新的思路和方法，为培养具有创新精神和实践能力的高素质人才提供了有力保障。

### （二）艺术素养与审美能力的重视

中华优秀传统文化蕴藏着丰富的艺术精华，音乐、书画、戏剧等传统艺术形式历经千年传承，至今仍散发着迷人的魅力。在现代教育体系中，重视学生艺术素养与审美能力的培养，对于促进学生全面发展、传承民族文化具有重要意义。因此，在构建现代教育评价体系时，应充分吸收传统艺术的精华，将其作为评价学生综合素质的重要维度。

音乐是中华民族的瑰宝，从古老的编钟到悠扬的古琴，无不体现出中国传统音乐的博大精深。在教育评价中，可以设置音乐欣赏、音乐表演等考核内容，引导学生感受传统音乐的意蕴，提高音乐素养。通过聆听古典音乐，学生能够陶冶情操、净化心灵；通过演奏民族乐器，学生能够增强文化自信、培养爱国情怀。同时，音乐教育还能锻炼学生的团队协作能力、表现力和创造力，为其全面发展奠定基础。

书法、绘画是中华优秀传统文化的常见表现形式，诗、书、画被誉为"文人三绝"。在现代教育评价中，可以将书法、国画等内容纳入考核范围，引导学生领略传统艺术的魅力。通过临摹古典书法，学生能够体会中国文字的形体美，培养耐心和专注力；通过绘制山水画，学生能够陶冶性情和品格。同时，书画教育还能锻炼学生的观察力、想象力和创新能力，促进其审美能力的提升。

戏剧是中华民族的宝贵财富，从昆曲、京剧到地方戏曲，无不体现出中华戏剧的独特魅力。在现代教育评价中，可以设置戏剧欣赏、戏剧表演等考核内容，引导学生感受传统戏剧的艺术价值。通过观摩经典剧目，学生能够了解中国历史文化，增强文化认同感；通过参与戏剧表演，学生能够提高语言表达能力、肢体协调能力和团队合作意识。同时，戏剧教育还能培养学生的同理心、想象力和创新精神，为其未来发展奠定基础。

将音乐、书画、戏剧等传统艺术纳入现代教育评价体系，不仅能够促进学生艺术素养与审美能力的提升，而且能弘扬中华优秀传统文化，增强民族自豪感。在教育评价过程中，教师应创新方法，激发学生的艺术兴趣，引导其主动参与艺术实践。同时，学校应完善相关制度，为学生的艺术学习提供必要的场地、设备和师资保障；家庭也应营造良好的艺术氛围，鼓励孩子参与艺术活动，共同促进其健康成长。

### （三）忠、孝、仁、爱价值观的内化

忠、孝、仁、爱等传统美德一直是中华优秀传统文化的核心价值观，在我国几千年的历史发展中发挥着重要的引领作用。将这些美德内化于心、外化于行，不仅是每个社会成员的道德修养和人格塑造之本，更是国家、民族生生不息、薪火相传的精神力量之源。因此，在现代教育评价体系中融入忠、孝、仁、爱等传统道德价值观的内容，对于全面评价学生的综合素质，培养担当民族复兴大任的时代新人具有重要意义。

#### 1. 知识层面

从知识层面来看，学生要了解忠、孝、仁、爱等传统美德的基本内涵，掌握其在不同历史时期的发展脉络和丰富内容。忠，就是忠于国家、忠于人民，

以国家利益和人民利益为重。孝，就是孝敬父母。仁，就是仁慈、博爱、与人为善。爱，就是热爱生活、爱岗敬业、爱护自然。这些传统美德影响了一代又一代中华儿女的价值取向和行为方式。将其纳入现代教育评价体系，通过课堂教学、校园文化、社会实践等方式进行传承和发扬，有利于引导学生继承和弘扬中华民族的优秀传统美德。

### 2. 情感态度层面

从情感态度层面来看，对学生忠、孝、仁、爱等道德情操的评价有助于学生树立正确的价值观，陶冶高尚的道德情操。通过多种形式引导学生感悟忠、孝、仁、爱蕴含的真善美，激发他们的爱国热情、亲情孝心、仁爱之心，能促使其形成积极向上的人生态度和道德追求。例如，可以通过组织先进典型报告会、开展孝老爱亲主题活动等，引导学生见贤思齐，从而升华道德境界，确立崇高理想。同时，教师也要注重考查学生在团结互助、尊老爱幼等方面的表现，以评价促进其良好品德的养成。

### 3. 能力层面

从能力层面来看，学生对忠、孝、仁、爱等传统美德的内化程度，很大程度上反映了其道德实践能力。一个真正将传统美德内化于心的人，必然能够外化于行，在日常生活中尊老爱幼、助人为乐，在关键时刻挺身而出、舍生取义。因此，教育评价要注重考查学生在践行传统美德方面的现实表现。可以通过撰写心得体会、参与志愿服务、开展社会实践等方式，引导学生在生活中自觉弘扬和践行忠、孝、仁、爱，培养其知行合一的优秀品格。同时，要重视并发挥榜样示范的力量，树立践行传统美德的优秀学生典型，用身边人、身边事来教育和感染学生，引领社会新风尚。

### 4. 行为习惯、生活方式层面

中华优秀传统文化与现代教育评价相融合，还体现在对学生的行为习惯、生活方式等方面。忠、孝、仁、爱的道德要求不仅指向个人修身，更指向家庭伦理和社会公德。将传统美德作为日常行为规范，对学生在家庭生活、学校生活、社会生活中的言行表现进行评价，有利于引导学生树立文明、健康、向上的生活理念，使其自觉抵制各种不良行为和生活习惯，养成热爱集体、无私奉献的优良品格，成长为合格的社会主义建设者和接班人。

## 三、中华优秀传统文化与教育评价体系

### （一）教育评价体系中的中华优秀传统文化元素

中华优秀传统文化蕴含着丰富的教育智慧，对于构建现代教育评价体系具有重要启示意义。中华优秀传统文化强调对学生进行全面评价，不仅关注其知识技能的掌握，而且注重品德修养、情感态度、审美能力等方面的培养。这种全人教育的理念体现了对学生身心发展的尊重，有利于学生的健康成长。

在构建教育评价体系时，应充分吸收中华优秀传统文化中的优秀元素。首先，评价标准应体现中华优秀传统文化的核心价值观，如"仁、义、礼、智、信"等，引导学生形成正确的世界观、人生观和价值观。其次，评价内容应全面涵盖学生的道德品质、学习能力、身心健康等各个方面，突出德育的重要地位。另外，评价方式应灵活多样，采用定性与定量相结合的方法，兼顾过程性评价和终结性评价，全面客观地反映学生的发展状况。

中华优秀传统文化还强调教育评价的主体多元化，注重发挥学生的主体作用。在评价过程中，教师不应居于主导地位，而应引导学生开展自我评价和互评，培养其自省意识和批判性思维。同时，家长、社区等也应参与到评价中来，形成学校、家庭、社会协同育人的良好局面。这种多元评价主体的参与，有利于学生形成全面、客观的自我认识，增强其学习的主动性和责任感。

### （二）培养和谐社会所需人才的评价标准

中华优秀传统文化蕴含着丰富的思想内涵和深刻的哲理智慧，对于培养和谐社会所需的高素质人才具有重要指导意义。将中华优秀传统文化理念融入现代教育评价体系，有助于树立正确的人才观，构建科学的评价标准，促进人的全面发展。

中华优秀传统文化强调"修身、齐家、治国、平天下"的人生追求，突出个人修养与社会责任的统一。这一理念为教育评价提供了基本价值导向，即不仅要重视学生知识技能的掌握，而且要注重其道德品质、家国情怀等非智力因素的培养。将其落实到教育评价中，意味着要构建德智体美劳全面发展的评价标准，引导学生成长为有理想、有本领、有担当的时代新人。

同时，中华优秀传统文化讲究"因材施教""教学相长"的教育方法，强调

以人为本、循序渐进。这就要求在制定人才评价标准时，要充分考虑学生的个性特点和发展需求，树立多元化、个性化的评价理念。不能搞"一刀切"，而应该建立灵活多样的评价机制，为不同特点和潜质的学生提供广阔的发展空间。

此外，中华优秀传统文化历来重视"学以致用"和"经世致用"。这就要求教育评价不能脱离社会实践，而应注重考查学生运用所学知识服务社会、推动时代进步的能力。评价标准的设计应体现鲜明的实践导向，引导学生增强社会责任感，提升创新创业能力，成为推动社会发展的生力军。

### （三）现代科技与中华优秀传统文化的评价体系结合

现代科技的迅猛发展为中华优秀传统文化的传播提供了新的途径和机遇。在互联网时代，中华优秀传统文化与现代科技的深度融合，催生出全新的文化传播模式和教育评价体系。中华优秀传统文化元素与现代科技手段的巧妙结合，不仅为传统文化注入了新的生命力，也为现代教育评价体系增添了独特的文化底蕴。

从传播形式上看，互联网打破了时空限制，极大拓展了中华优秀传统文化的传播范围和影响力。通过网络平台，中华优秀传统文化资源可以被更多人所了解和欣赏。网络直播、短视频等新兴传播方式，让传统技艺、民俗风情以更加生动直观的形式呈现在大众面前。同时，大数据、人工智能等现代科技手段的运用，也为中华优秀传统文化的保护、挖掘和创新提供了强大的技术支撑。利用大数据分析，可以更加精准地把握受众需求，优化传播策略；运用 VR、AR 等技术，可以创设身临其境的文化体验，激发受众兴趣。这些现代科技与中华优秀传统文化的融合，不仅拓宽了传播渠道，也为中华优秀传统文化的创新发展提供了无限可能。

从教育评价角度来看，现代科技与中华优秀传统文化的结合，有助于构建更加全面、立体的评价体系。传统的教育评价往往偏重知识的掌握和应试能力的考查，而忽视了学生综合素质的培养。将中华优秀传统文化引入现代教育评价体系，不仅能够弥补这一不足，而且能够发挥中华优秀传统文化的育人功能。例如，在评价学生的道德品质时，可以借鉴中华优秀传统文化中"忠孝仁义、礼义廉耻"等价值理念；在评价学生的审美情操时，可以融入传统艺术的欣赏或鉴赏标准；在评价学生的人文素养时，可以引导其体悟古典诗词、哲学智慧的深刻内涵。通过将中华优秀传统文化元素纳入评价体系，不仅能够引导学生更加全面地认识和传承中华优秀传统文化，也有助于培养其家国情怀、人文关怀，促进学生全面发展。

现代科技手段的运用也为中华优秀传统文化在教育评价中的应用提供了更加丰富多元的路径。例如，开发中华优秀传统文化题材的教育游戏，寓教于乐，激发学生学习兴趣；利用大数据分析，动态监测学生对中华优秀传统文化的认知和内化程度，及时调整教学策略；运用人工智能技术，为学生提供个性化的中华优秀传统文化学习资源和评价反馈，提高学习效率。这些现代科技与中华优秀传统文化在教育评价中的创新融合，不仅能够创新教育评价模式，提升评价的科学性、精准性，而且能促进中华优秀传统文化教育与现代教育评价的有机统一，实现文化传承与教育创新的双赢。

# 第四节　中华优秀传统文化与现代教育技术的融合

## 一、移动学习技术与中华优秀传统文化传播

### （一）移动学习平台设计原则和内容特征

移动学习平台的设计应以中华优秀传统文化的传播需求为导向，遵循科学合理的建设原则。首先，平台应具有鲜明的文化特色，在界面设计、功能布局等方面体现中华优秀传统文化的审美理念和价值追求。例如，可以运用传统色彩、图案、书法等元素，营造古朴、雅致的视觉氛围；可以融入诗词歌赋、典故寓言等内容，增强文化韵味和内涵。其次，平台应突出交互性和参与性，鼓励用户主动探索、体验中华优秀传统文化。这就要求设计丰富多样的互动形式，如情景模拟、角色扮演、虚拟实践等，让用户在沉浸式的环境中感悟中华优秀传统文化的魅力。同时，还应提供便捷的交流和分享机制，促进用户之间的互动与协作，实现文化的同频共振。

移动学习平台还应重视内容的系统性和权威性。中华优秀传统文化博大精深，内容涉及哲学、文学、艺术、科技等诸多领域。因此，平台必须有组织、有重点地呈现知识体系，避免知识出现碎片化和肤浅化倾向。在资源建设上，要广泛汇聚专家、学者、非遗传承人等权威人士，通过系列课程、专题讲座等方式，深度阐释中华优秀传统文化的历史渊源、思想精髓、时代价值，以权威的视角、专业的方法引领用户开展学习探究。只有内容专业、全面，平台才能

赢得用户信赖,焕发持久的生命力。

移动学习平台的建设还应把握时代脉搏,紧跟信息技术发展前沿。要充分运用大数据、人工智能、虚拟现实等新兴技术,为中华优秀传统文化教育插上腾飞的翅膀。例如,可以利用大数据分析用户特征和行为习惯,提供个性化、精准化的学习服务;运用人工智能开发智能导学系统,为用户提供全流程的学习指导和帮助;基于虚拟现实技术构建沉浸式场景,让用户身临其境地感受中华优秀传统文化的魅力。唯有与时俱进、勇于创新,中华优秀传统文化的现代传播才能焕发勃勃生机。

## (二)移动学习的用户行为分析

移动学习平台为用户学习中华优秀传统文化提供了便捷高效的途径。要真正发挥其优势,还需深入分析用户的行为模式和习惯。通过研究用户在移动设备上的学习行为,可以洞察其对中华优秀传统文化学习内容的偏好、对互动方式的选择倾向以及对学习时间的安排特点等,从而为优化移动学习平台的设计提供依据。

### 1. 碎片化

用户在移动设备上学习中华优秀传统文化时,往往表现出碎片化、随时随地的特点。他们通常利用通勤、等待等零散时间,通过手机、平板电脑等设备快速浏览文章、观看视频,获取感兴趣的文化知识。这种学习行为要求移动学习平台提供精简、易于理解的学习内容,同时支持离线访问,方便用户随时学习。考虑到移动设备屏幕尺寸有限,平台还应采用响应式设计,确保内容在不同设备上都能获得良好的显示效果。

### 2. 互动性

与传统的单向知识传授不同,移动学习平台能够提供丰富的互动功能,如练习题、游戏、社区讨论等,激发用户的参与热情。行为分析结果显示,互动性强的学习内容往往能吸引更多用户,提高学习效果。因此,在设计学习内容时,应充分利用移动设备的互动优势,开发形式多样、寓教于乐的互动模块。例如,可以设计情景模拟游戏,让用户在虚拟场景中体验中华优秀传统文化;也可以开发竞答类小游戏,增强学习的趣味性。

### 3. 学习动机和目的

有的用户是出于兴趣爱好而学习中华优秀传统文化，有的则是为了工作、学习的需要。不同动机的用户对学习内容和形式的需求也不尽相同。因此，移动学习平台应提供个性化的学习路径，允许用户根据自己的需求选择学习主题、难度和进度。平台可以利用大数据技术，根据用户的学习行为和偏好，智能推荐相关课程和资源，提供更加精准的学习服务。

## 二、虚拟现实技术与中华优秀传统文化的互动体验

### （一）虚拟现实技术的基本原理及特点

虚拟现实技术作为一种创新的计算机交互方式，在文化领域展现出独特的优势和广阔的应用前景。它通过构建逼真的三维环境，让用户沉浸其中，获得身临其境的体验感，为文化内容的呈现和传播开辟了全新的路径。

从感官体验的角度来看，虚拟现实技术能够同时调动用户的视觉、听觉、触觉等多种感官，营造出身临其境的沉浸感。这种多感官的交互方式能够显著提升文化内容的吸引力和感染力。例如，在虚拟现实场景中重现历史文物和遗址，用户不仅能够360°全方位地观察文物的细节，还能"亲身"参与到历史场景中，与虚拟人物互动，亲历历史事件的发展过程。这种沉浸式的体验能够唤起用户的情感共鸣，加深其对历史文化的理解和认同。

从内容呈现的角度来看，虚拟现实技术突破了传统媒介的局限，为文化内容的展示提供了更加生动、灵活的方式。传统的文字、图片、视频等媒介虽然能够记录和再现文化信息，但仍然存在一定的局限性，难以全面、立体地展现文化内涵；而虚拟现实技术则可以将文化内容置于特定的情境中，多角度、多层次地呈现文化要素，揭示事物的内在联系。比如，在虚拟现实场景中复原一座古建筑，用户不仅可以了解其建筑风格和艺术特点，还能探索其历史渊源、文化寓意，以及与周边环境的关系，从而形成更加全面、系统的认识。

从传播效果的角度来看，虚拟现实技术有助于拓宽文化内容的受众群体，提高文化传播的覆盖面和影响力。当前，虚拟现实设备日益普及，无论是专业的头盔设备，还是手机等移动终端，都能够支持虚拟现实内容的播放。这意味着，文化内容可以通过虚拟现实平台触达更多的潜在受众，特别是年轻一代用

户。虚拟现实所提供的沉浸感和交互性，更容易引发年轻用户的兴趣和共鸣，从而实现文化的代际传承和创新发展。

### （二）虚拟现实技术对提升文化学习兴趣的作用评价

虚拟现实技术以其独特的沉浸式体验和交互性，为中华优秀传统文化的学习带来了新的可能。通过虚拟现实平台，学习者可以身临其境地探索古代建筑、欣赏传统艺术、体验历史场景，对中华优秀传统文化产生更加直观和深刻的认知。这种沉浸式的学习方式能够充分调动学习者的感官，激发其探索欲望和学习兴趣，使得学习变得生动而富有吸引力。

与传统的文字、图片等学习材料相比，虚拟现实技术营造的逼真场景能够帮助学习者更好地理解和记忆知识点。例如，在学习古代建筑时，学习者可以在虚拟现实中"漫步"于宫殿、庙宇之中，近距离观察建筑的布局、装饰和细节，从而对其风格和特点形成更加具体和系统的认识。再如，在学习传统戏曲时，学习者可以通过虚拟现实"走进"戏台，欣赏演员的表演，感受不同角色的神韵和个性，加深对戏曲艺术的理解。这种沉浸式、多感官的学习体验，能够促进学习者对知识的内化和应用，提高学习效果。

此外，虚拟现实技术还能够突破时空限制，为学习者提供难得的文化体验机会。许多珍贵的文物古迹、非遗，由于地理位置偏远、历史久远等，学习者难以实地探访和感受，而通过虚拟现实技术，学习者可以足不出户地"游览"万里之外的名胜古迹，"见证"数百年前的历史场景，近距离感受传统技艺的魅力。这种打破时空界限的文化体验，能够拓宽学习者的视野，加深其文化认同感，为中华优秀传统文化的传承和发展注入新的活力。

## 三、在线教育平台与中华优秀传统文化教育的结合

### （一）在线教育平台的基础设施和教学资源配置

在线教育平台作为现代教育技术的重要载体，在中华优秀传统文化的传播和教学中发挥着日益突出的作用。然而，要真正实现中华优秀传统文化教育与在线平台的深度融合，还需要在平台基础设施建设和教学资源配置方面下功夫。

从基础设施角度看，中华优秀传统文化在线教学平台应具备稳定、高速的网络传输能力，确保教学视频、音频等资源的流畅播放和互动。同时，平台还

需要配备高性能的服务器和存储设备，满足海量文化教学资源的存储和调用需求。此外，移动端 App 的开发和适配也不可忽视，以满足学习者随时随地学习中华优秀传统文化的需要。

教学资源是在线平台的核心要素，其质量和丰富程度直接影响中华优秀传统文化教学的效果。理想的教学资源应包括文本、图片、音视频、动画、虚拟现实等多种形式，以满足不同学习风格和偏好的需求。资源内容则应涵盖中华优秀传统文化的各个方面，如古典文学、传统艺术、思想哲学、风俗礼仪等，力求全面展现博大精深的中华文明。

在资源设计上，应遵循循序渐进、由浅入深的原则，兼顾知识的广度和深度。对于初学者，可以提供一些通俗易懂、生动有趣的入门课程；对于进阶学习者，则应提供深入系统的专题教程。同时，资源形式应力求新颖多变，融入游戏化、情景化等设计，调动学习者的兴趣和积极性。

资源的组织和呈现也至关重要。应用学习认知规律优化平台界面设计，提供清晰明了的课程导航和检索功能，方便学习者快速找到所需资源。知识点间的关联性也应充分体现，形成完整的知识体系和学习路径，促进学习者系统掌握中华优秀传统文化知识。

在师资配置上，在线教育平台大有可为。通过网络，可以集聚各地优秀的传统文化教育工作者，打造一支高水平的师资队伍。授课教师不仅要精通中华优秀传统文化知识，还应具备熟练运用在线教学工具的能力，善于利用信息化手段增强教学吸引力和互动性。

## （二）在线教育平台的教学模式创新

在线教育平台正逐渐成为中华优秀传统文化教学的重要载体。探索在线教育平台的教学模式创新，对于促进中华优秀传统文化的传承和发扬具有重要意义。随着信息技术的迅猛发展，在线教育正日益呈现个性化、智能化、沉浸式的发展趋势。这为中华优秀传统文化教学带来了前所未有的机遇，教师可以利用在线平台的优势，突破传统课堂的时空限制，为学生提供更加丰富多彩、形式多样的学习体验。

### 1. 实现教学资源的整合与优化配置

中华优秀传统文化博大精深，积淀了中华民族几千年的智慧结晶。但在实际教学中，教师往往难以在有限的课时内全面、系统地讲授所有知识。而借助在线平台，教师可以将文字、图片、音频、视频等多种形式的教学资源进行整合，形成结构化、系统化的课程内容。学生可以根据自身需求，选择性地学习不同模块，实现个性化、自主化学习。同时，优质的教学资源可以在平台上共享，惠及更多的学习者。

### 2. 提供沉浸式、交互式的学习场景

中华优秀传统文化蕴含着丰富的人文内涵，需要学生沉浸其中、亲身感悟方能真正领会。在线教育平台可以利用虚拟现实、增强现实等技术，将中华优秀传统文化场景进行数字化再现。学生可以通过平台"走进"历史现场，与虚拟人物对话互动，身临其境地体验中华优秀传统文化的魅力。这种沉浸式、交互式的学习方式，能够激发学生的学习兴趣，加深其对中华优秀传统文化的理解和认同。

### 3. 实现中华优秀传统文化教学的智能化和精准化

传统课堂教学往往采用"一刀切"的授课模式，难以兼顾学生的个体差异。而在线平台可以利用大数据、人工智能等技术，对学生的学习行为进行跟踪分析，精准把握每名学生的学习特点和知识掌握情况。基于此，平台可以为学生推送个性化的学习内容，调整学习难度和进度，实现因材施教、精准教学。这不仅能提高学习效率，也能增强学生的获得感和自我效能感。

### 4. 注入时代元素和创新活力

当代青年学生普遍熟悉网络技术，对新鲜事物充满好奇。将中华优秀传统文化教学与在线平台相结合，能够激发学生的学习热情，让他们在耳目一新的学习体验中感知中华优秀传统文化的独特魅力。教师可以引导学生在平台上展现文化创意，如创作传统文化主题的短视频、动漫、游戏等，在创新实践中实现中华优秀传统文化的创造性转化和创新性发展。

## 四、多媒体技术与中华优秀传统文化传播

### （一）多媒体技术发展概述

多媒体技术作为一种综合性的信息传播手段，在文化传播领域发挥着日益

重要的作用。从静态文字、图像到动态音视频，再到交互式多媒体，多媒体技术的发展经历了一个不断深化和完善的过程。这一过程不仅反映了信息技术的进步，而且折射出人类传播方式的变革和文化传承模式的嬗变。

早期的多媒体技术主要局限于文字和图像的呈现。印刷术的发明使文字得以大规模传播，而光学技术的进步则促进了图像采集和复制技术的发展。这两种媒介的结合虽然为文化传播提供了新的可能，但仍然难以全面、立体地再现文化内涵。随着计算机技术的兴起，数字化的文字、图像得以在电子介质上存储和呈现，多媒体技术进入了一个新的发展阶段。数字化技术不仅极大地提高了信息的存储容量和传输效率，而且为不同媒介之间的整合提供了技术基础。

声音和视频的加入使多媒体技术的表现力取得了质的飞跃。有声读物、教学录像等音视频资料为文化传播注入了新的活力。声音的加入使语言文字更加生动鲜活，而视频则以其直观、形象的特点吸引着受众的注意力。电影、电视等大众媒体的普及，更是将多媒体技术推向了一个新的高度。音视频与文字图像的结合，使文化内容的呈现更加丰富多彩，文化传播的广度和深度也得到了前所未有的拓展。

进入 21 世纪以来，以数字化、网络化、智能化为特征的信息技术革命，引领多媒体技术步入一个全新的发展阶段。交互式多媒体技术应运而生，虚拟现实、增强现实等新技术不断涌现。在这一阶段，多媒体不再局限于单向的信息传递，而是强调用户的参与和互动。在数字博物馆、虚拟展览等场景中，参观者可以自主地浏览文物、了解历史，甚至参与到文化创造的过程中来。交互性的引入，使文化传播从被动灌输转向主动建构，极大地调动了受众的积极性和创造力。

多媒体技术在文化传播中的应用，不仅改变了文化呈现的方式，更深刻地影响着人们的文化认知和思维方式。富媒体的信息呈现使文化内容更加直观、生动，文化体验也更加真实。同时，多媒体技术也在一定程度上弱化了文字的中心地位，视听语言成为文化传播的重要载体。这种变化一方面拓宽了文化传播的维度，另一方面也对传统的文化秩序和价值体系提出了挑战。

## （二）多媒体技术与中华优秀传统文化内容的融合方式

多媒体技术与中华优秀传统文化内容的融合是一个富有创造性和挑战性的过程。随着数字化时代的到来，图像、声音、视频等多媒体元素日益成为中华优秀传统文化传播的重要载体。中华优秀传统文化内容如何与多媒体技术实现有机结合，既充分发挥现代技术的优势，又保留文化内涵的独特魅力，已经成为文化传承与发展的关键课题。

### 1. 图像

从表现形式来看，图像是多媒体技术与中华优秀传统文化融合的重要切入点。中华优秀传统文化中蕴含着丰富的视觉符号，如书法、绘画、雕塑、建筑等，都是凝结了民族智慧和审美情趣的艺术瑰宝。通过数字化处理，这些视觉符号可以转化为高清晰度、可交互的数字图像，在再现其原貌的同时，还能够实现放大、旋转、拼接等功能，为欣赏者提供沉浸式的视觉体验。同时，数字图像技术还能够对传统图像进行修复、复原，消除因年代久远而产生的破损、褪色等，使其焕发新的生命力。

### 2. 声音

声音是中华优秀传统文化中一个重要的表现元素。戏曲、民乐、诗歌吟诵等，都蕴藏着独特的声音魅力。通过数字音频技术，这些声音可以被录制、编辑、合成，再现其韵味。并且，数字音频还能够实现噪音消除、音质增强等处理，使声音更加清晰、动听。在一些数字化的戏曲、音乐作品中，观众不仅能够欣赏到精湛的表演，还能够随时调节音量、音效，获得个性化的聆听体验。数字音频技术为传统声音艺术的传播提供了更广阔的平台。

### 3. 视频

视频是集合了图像、声音、文字等多种元素的综合性媒体。通过数字视频技术，一些传统的典籍、史料、表演等可以被转化为生动直观的视频资料，再现历史场景，展现文化风貌。例如，一些纪录片通过人物访谈、历史再现等方式，将口述历史、民间传说等转化为可视化的视频内容，让观众身临其境地感受中华优秀传统文化的魅力。数字视频技术为中华优秀传统文化内容提供了更加立体、多元的表现形式，极大地丰富了其传播的维度和深度。

## （三）多媒体技术对中华优秀传统文化传播效率和广度的影响

多媒体技术在中华优秀传统文化的传播中发挥着日益重要的作用。随着数字化时代的到来，图像、音频、视频等多媒体元素已经成为中华优秀传统文化传播的重要载体。与传统的文字描述和口头讲解相比，多媒体技术具有直观、生动、互动性强等优势，能够为受众提供身临其境的文化体验，增强中华优秀传统文化的吸引力和感染力。

从传播效率的角度来看，多媒体技术极大地提高了中华优秀传统文化的传播速度和范围。借助互联网平台，中华优秀传统文化资源可以瞬间触达全球各地的受众，突破时间和空间的限制。同时，多媒体技术还能够实现中华优秀传统文化内容的快速复制和分享，使优秀文化遗产得以广泛传播和保护。数字化的文化资源可以长久地储存和展示，减少了实物文物的损耗，为中华优秀传统文化的永续传承提供了有力保障。

从传播的广度来看，多媒体技术有效拓宽了中华优秀传统文化的受众群体。生动形象的多媒体呈现方式能够吸引不同年龄、不同文化背景的受众，特别是青少年群体。通过动画、游戏、虚拟现实等新颖的表现形式，中华优秀传统文化的内涵和魅力得以在年轻一代中广泛传播，激发了他们探索和继承民族文化的兴趣。多媒体技术的应用也为中华优秀传统文化走向世界提供了契机。将优秀文化资源数字化、多语言化，能够帮助世界各国人民更好地了解和欣赏中华文明，促进中外文化交流互鉴。

此外，多媒体技术还为中华优秀传统文化的创新发展注入了新的活力。数字化手段不仅能够忠实再现中华优秀传统文化内容，而且能通过创意设计和艺术加工，赋予中华优秀传统文化新的时代内涵和审美特征。例如，将传统戏曲与动画制作相结合，既保留了戏曲的神韵和美感，又通过新颖的视听语言吸引年轻受众；再如，用虚拟现实技术复原古建筑、历史场景，观众可以沉浸式地体验中华优秀传统文化的魅力，激发全新的认知和思考。多媒体技术与中华优秀传统文化的融合，开辟了文化创意产业的广阔前景，也为中华优秀传统文化的传承和发展提供了源源不断的动力。

# 参考文献

［1］ 杜昀芳，刘永记. 中华优秀传统文化 ［M］. 北京：新华出版社，2021.

［2］ 从云飞. 中华优秀传统文化 ［M］. 北京：华文出版社，2021.

［3］ 李志毅. 优秀传统文化的现代教育价值探索 ［M］. 北京：北京工业大学出版社，2023.

［4］ 艾萍. 优秀传统文化的教育视角研读 ［M］. 长春：吉林出版集团股份有限公司，2020.

［5］ 郭晗. 优秀传统文化的现代教育价值探索 ［M］. 北京：北京工业大学出版社，2021.

［6］ 陈正良，王珂，王梦. 中华传统道德的精神底蕴与现代弘扬（一）［M］. 长春：吉林大学出版社，2021.

［7］ 李贵卿. 互联网时代中华优秀传统文化的传承与创新研究 ［M］. 成都：四川大学出版社，2023.

［8］ 杨飞，刘海华. 中华优秀传统文化融入思政课研究 ［M］. 秦皇岛：燕山大学出版社，2023.

［9］ 苗青. 中华优秀传统文化与高校青年教育管理研究 ［M］. 北京：新华出版社，2022.

［10］ 潘俊鲜，石慧，白晓丽. 中华优秀传统文化 ［M］. 北京：中国言实出版社，2023.

［11］ 郑敏芳. 深度融合：中华优秀传统文化进课程教学的实践探索 ［M］. 厦门：厦门大学出版社，2023.

［12］ 杨玖喜. 我要做个好老师：多元育人整合课共享课堂 ［M］. 长沙：湖南教育出版社，2021.

［13］ 伍韬. 当代传统文化与素质教育研究 ［M］. 北京：北京工业大学出版社，2023.

［14］ 张香君. 中国传统文化与高校德育教育研究 ［M］. 北京：北京工业大学出版社，2023.

［15］ 彭帮姣. 新时代传统文化与大学生教育融合研究 ［M］. 长春：吉林出版集团股份有限公司，2022.